戦国の作法

村の紛争解決

藤木久志

講談社学術文庫

はしがき

かつて郷里の新潟には、電灯もなく馬車も通わず、雪に埋もれる半年ほどのあいだは、三日に一度の新聞さえも途絶えてしまうような、深い山あいの村が珍しくはなかったように思う。

ふり仰ぐ空も狭いそうした山村の一つで、夜念仏の触れや夏の日のかんの刈り（焼き畑の一種）を手伝い、山の秋の実採りや春きざす朝の凍《し》み渡りに熱中する、少年時代を過ごしたわたくしにとって、世の中をかいまみる折といえば、世間に奉公に出ていたわかものがとつぜん帰ってきては兵隊に行ってしまうのを見送ったときくらいのものであったろうか。村の出来事のおおかたは、淡々とときに隠微に、村の力だけで始末がつけられていたのである。

村に暮らしたといっても、村の成員として村仕事や常会やお籠りにも出たわけではないから、ほんとうの村のことは何一つ知らないのに、村を出て中世の歴史に関心をもつようになったとき、「近所の儀」とか「方角の儀」というような、土着の領主や村々のあいだの課題解決の仕組みに心ひかれたり、権力と村のかかわりを頑固に「在地不掌握」といってみたり、村のかちとった「地下請《じげうけ》」の下での共同体規制のきびしさに目を向けたりしたのは（小著『戦国社会史論』一九七四）、遠い日の山村のありようへの追憶からであったかも知れない。

中世の村はひたすら明るかったとか、戦国大名は村の中の農民一人ひとりまでもつかみ切った、といいたげな論調のどちらにも、わたくしの中の村の情念は納得できなかったのである。

その後、惣無事《そうぶじ》という言葉を手がかりに、中世の社会が天下一統という形で集約されて行くことの意味を問おうとする作業を進めながら、中世の村が個人の犠牲に褒美や補償の措置を講じる慣行を備えていたという事実に行きついたのも、また、その過程でふと手にした郷里の史料に、山方の作法《さほう》といわれる「ともの（鎌斧）を取る」習俗を見出したことも、あらためて中世の村への執着を深めるよい機縁となった。

村々に根づくこうした慣行や習俗を、紛れもない中世の村の「自力」の徴証と見たわたくしは、これを基軸にすえて惣無事令の本をまとめあげようとしたが、むしろ主題を通すことの方にとらわれ、この意図を十分に展開するには至らなかった。

その悔しさと村のナゾ解きへの期待をこめて、一九八四年の晩秋、わたくしは惣無事令を論じた『豊臣平和令と戦国社会』序の末尾に、「そのため、さしあたりは本書第二章の分析をもとに、中世村落の自検断の実態と村の武力の問題について、より具体的な追究にとりかかろうとしている」と記すと、次の春、校正を終えるのももどかしい想いで、村の自力を支える仕組みを発掘する、新しい楽しみに熱中した。

土一揆・地下請《じげうけ》・惣掟《そうおきて》などの主題でよく知られる、中世村落の研究の豊かな達成をもとに、中世の村が日常に備えていたにちがいない、村の内外にわたる主体的な紛争解決の能力や、自力の場での暴力の反復を断ち切るためのさまざまな習俗を、仮に自《じ》検断《けんだん》の作法と名づけて、もっと多角的に検証してみようと試みたのである。

といっても、そのためになにか特別の方法を用意したわけではない。ただ、一四世紀から一七世紀にかけての、村々をめぐるごくありふれた出来事の記録を、仮にその時代や社会にひめられた固有の紛争解決の判例、いわば「戦国の作法」として読み解いてみようとしたまでである。

それからの一年余りは、惣無事令の本にあいついで寄せられた批判を励みとし、平凡社編集部の加藤昇氏の時をえた助け舟とほめ上手にも支えられて、中世の村をめぐるナゾ解きの結果をいくつかの小篇に書きあげ、いちど発表したものにもできる限りは手を加えて、ともかくも一冊にまとめたのがこの本である。惣無事令の本の子どものようでもあり、中世の村を訪ねる覚束ない旅の腰掛け石のようでもある。

それにしても、この本もまた、村の自力をめぐる複雑な事態のほんの一面をかいまみただけであり、まとめも性急に過ぎたように思う。この後はまたしばらくの巣籠りを自らに課すことにしよう。

この本を村暮らしの達人であった母の傘寿にささげたいと思う。

一九八六年十月二十七日　五三回目の誕生日に

藤木久志

目次

戦国の作法

村の紛争解決

I　挑戦・身代わり・降参の作法

第一章　言葉戦い

はじめに

中世の社会を「自力」の世界という視点からみるとき、諸集団のあいだで交わされる戦争や武力行使というのは、多くのばあい、戦国大名の領土紛争や村々の山・野・水論など、在地の紛争を解決するための一つの階梯にほかならず、そのあいだに自ずからさまざまな約束ごとや習俗、つまり制約的な規則の体系を成立させていた、とみられる。(1) その内奥に迫る一つの糸口として、ここでは、「言葉戦い」という奇妙な語のナゾ解きを試みよう。

いつの頃であったか、戦国末の九州で書かれた上井《うわい》覚兼《かくけん》の日記(2)を読んでいて、島津氏の肥前進攻のとき、その先駆けとして、小村には足軽をやって放火させ、拠点の村には武士を潜入させ「言戦」に当たらせた、とあるのが目にとまった。放火はよいとして、言戦というのは何であろうか。日記の索引をみても、この語が出るのはここだけらしく、しかもゲンセンと音読みで排列され、辞典類にもそのような項は見当たらないから、ほかに手がかりを求めるのは難しいとみられた。

しかし、そのことさえも忘れかけた頃、群馬県史編纂室の森芳子さんの思いがけないご教示によって、戦国の終りに関東の北条氏の出した、「詞たゝかい停止」という文言をふくむ、朱印状が二通もあることを知ったのである。これによれば、九州の「言戦」は関東の「詞たゝかい」とおそらく同じもので、読みはコトバタタカイといって、用語の分布範囲は東西にわたって、かなり広いらしい。しかも、それを取り締まる戦国大名のふしぎな禁令までも出されている。

このコトバタタカイの語は、わたくしに「ヒトが石ころを投げて悪口をたたきあっていた、まさに社会総体が餓鬼《がき》であったような時代」に注目して、「石合戦は子供たちの荒っぽいコミュニケーションの一形態でありましたし、大てい悪口雑言がこれにともなったのも、全く面白い現象だったと思います」と語っていた、中沢厚『つぶて』のことを思い起させた。(3) そこには、「喧嘩のフォークロア」によせて、石合戦にはルールのようなものがあって、一つは、どちらから呼びかけてもいいのだが、始めにかならず罵《ののし》り合う、とも述べられていた。悪口は挑戦の作法でもあったか。

また、郷里新潟の知人からは、カゼノサブローサマという、夏の風祭りの行事で、ムラごとに子どもたちが川をはさんで悪口をいい合う予祝の風習が、近年まではたしかにあった、と聞いた[4]。悪口はもと神々の言葉でもあったか。

こうして、戦国の言葉戦いから、民俗の石合戦や祭りの庭での悪口雑言の習俗へ、わたくしの好奇心はしだいに膨らんでいった。いったい、言戦・詞たゝかいとは何か。また、それを禁止する中世も終りの法には、どのような意味があったか。本章の主題はこのことである。

以下、もっぱらコトバタタカイの語をキイワードとして収集できた、いくつかの事例をあげて、検討を加えてみよう。なお、この語の史料上の表現は、言戦・詞たゝかい・詞戦・詞闘・言葉戦ひなど、かなり多岐にわたるので、原文引用の場合を除いて、本文では、わかりやすい「言葉戦い」という表記に統一しよう。

一　軍記の言葉戦い

じつは、言戦が言葉戦いという語であるとわかってみれば、この言葉はなにも珍しいものではなかった。この語が中世の軍記物語の類に散見することは、中世文学の領域ではよく知られていたのである。[5] たとえば、古い『能楽謡曲大辞典』[6]には「ことばたゝかひ　言葉合戦」が、『平家物語研究事典』には「詞戦　ことばたたかい」[7]が、それぞれ立項され、一般の国語辞典類でも、『大辞典』(平凡社)や『日本国語大辞典』(小学館)など大きなものには、「ことばたたかい」の項目がちゃんとあり、その用例までも示されている。

これら辞典類によれば、言葉戦いの語義には、およそ二つあるようである。その一は、戦場などで戦闘に先立ち、互いに言葉で相手を攻撃することで、その二は、言葉でする喧嘩、つまり口論のことである。[8] 一の用例は中世に特徴的にみられ、二の語義は中世末から近代まで広く用いられているから、歴史的には、両義の並行というよりは、中世的な集団間の戦闘の発端に位置する言葉合戦から、近世以後の私的で個人的な口論や口喧嘩への変化、とみるべきであろうか。

ともあれ、まずはこれらの情報をたよりに、中世前期の軍記の類にみえる、言葉戦いの世界を訪ねることからはじめよう。

＊

A　『保元物語』の「詞共のたゝかひ[9]」

京の白河殿の北殿に軍をひきいて対陣する双方の大将軍、源義朝と弟の為朝の二人が、矢戦の開始に先立って「間ぢかくうち寄」せる。まず、兄義朝が「義朝宣旨《せんじ》を蒙て向候はいかに」と呼びかければ、弟は「為朝院宣《いんぜん》を承つて固て候」と答え、さらに兄が「兄に向て弓を彎《ひき》、冥加《みようが》のつきむずるはいかに」といえば、弟は「兄に向て弓を引が冥加尽きて候はゞ、いかに殿は現在の父に向て弓をひかれ候ぞ、……院宣と宣旨といづれ甲乙か候」とて、互いにそれぞれの立場の正当性を主張し、痛烈な問答を交わし合う。これが「詞共のたゝかひ」である。

なお、その前哨戦の場面でも、北殿に陣する為朝の「門近くをしよせ」て、呼ばわった義朝方の鎌田次郎政清を、為朝が「さこそ其日の敵となるとも、相伝《そうでん》の主に向て、争《いかで》か矢を放べき」といなせば、政清また「実に日来《ひごろ》は相伝の主、今は八虐の凶徒にあらずや、宣旨既限あり、此矢は政清が放つにあらず、八幡大菩薩の放給、御矢なるべし」ときりかえす。この問答も、そうと特記はされないが、明らかに言葉戦いである。

B　『平家物語』の「詞だゝかい(10)」

巻第十一「嗣信最期」の段は、いくつかの合戦説話を含む八嶋《やしま》合戦物語として知られるが、多くの諸本は後に付加されたとみられる「詞争」の説話を冒頭に配している、という(11)。

「詞争」の説話というのは、陸上にいる源義経の軍と海上に逃れた平家の軍との、屋島浦対陣の場面である。矢戦に先立って、平家方の越中次郎兵衛尉盛嗣が挑発し（「船のおもてに立いで、大音声をあげて申けるは……」）、これをうけた源氏方の伊勢三郎義盛（「あゆませいでて申けるは……」）とのあいだに、次のような応酬がある。

まず、盛嗣が義経を「みなし子」「こがね商人の所従」「奥州へおちまどひし小冠者が事か」と悪口すれば、義盛も「北陸道にさまよひ、乞食して、なく〳〵京へのぼ（ッ）たりし物か」と応酬し、さらに平家方が「さいふわ人どもこそ……やまだち（山賊）」ぞと、ののしり返す。

ついで場面は、これを聞いた源氏方の金子十郎家忠が「無益の殿原《とのばら》の雑言かな。われも人も虚言いひつけて雑言せんには、誰かはおとるべき」といい、その弟与一がいきなり平家方の盛嗣を射たことで、「其後は、互に詞だゝかいとまりにけり」ということになり、戦いに転ずる。ここには、言技を「無益の雑言」とする、武技との対立もみられる。

C　謡曲「八島」の「言葉戦ひ(12)」

「その時平家のかたよりも、言葉戦ひ事終り、兵船一艘漕ぎ寄せて、波打ち際に下り立つて、陸の敵を待ちかけしに、源氏のかたにも、続く兵五十騎ばかり」とみえる。

この「言葉戦ひ事終り」という文言は、明らかにBの「互に詞だゝかいとまりにけり」を承けている。また、言葉戦いは戦闘への序幕に然るべき位置を占める、という認識が謡曲の作者（世阿弥カ）にもあったのであろう。

D　『古今著聞集』偸盗の「ことばたゝかひ[13]」

正上座行快という弓の上手が、参河から熊野へわたる途中で海賊に襲われ、難なくこれを撃退するという一話である。ここでも矢戦のはじまりに先立って、

海賊一人ものゝぐして出向て、ことばたゝかひをしけり、海賊が舟に幕引まはして楯つきて、其中に悪徒等その数おほくあり、しばし詞たたかいして、上座まづ引目《ひきめ》をもて海賊を射たるに、

と叙述される。武士の公戦とは異なる、海賊の襲撃というような場においても、実力行使に移る前に言葉戦いが行なわれていた。

E　『古今著聞集』興言利口《こうげんりこう》の「詞闘」・「こと葉だゝかひ[14]」

七条女院に仕える三人の女房たちが、ふだん互いに負けじと、しゃれた言葉で「ざれあふ」様子が、「かやうのこと葉だゝかひ、つねのことなり」として紹介される。

戦場以外でふだんに交わされる、女たちの「興言利口」ぶりを「言葉戦い」とする早い例である。

F　参考、『奥州後三年記[15]』

後三年の出羽金沢柵の合戦の場で仕掛けた、堂々たる言葉戦いぶりを伝える。清原家衡の僕従千任丸《ちとうまる》が「やぐらの上に立て、声をはなちて、将軍（源義家）にいふやう」として、

なんぢが父頼義、貞任《さだとう》・宗任《むねとう》をうちえずして、名簿《みょうぶ》をさゝげて故清将軍をかたらひたてまつり、ひとへにそのちからにて、たまく貞任らをうちえたり。恩をになひ徳をいたゞきて、いづれの世にかむくひたてまつるべき。しかるを、汝すでに相伝《そうでん》の家人《けにん》として、かたじけなくも重恩の君をせめたてまつる不忠不義のつみ、さだめて天道のせめをかうぶらんか。

これに挑発された源義家の軍でも、「おほくのつはもの、をのくくちさきをときて、こたへんとする」が、義家は「制して、ものいはせず」、千任丸を生捕りにせよと命じた、という。

ここには言葉戦いの語はみられないが、実態は同一とみてよいであろう。名簿《みょうぶ》を捧げるといえば、「人の手下にしたがう時のしるし」とされていたから[16]、この千任丸の主張は、相手にふかい衝撃と恥辱を与えたのであろう。清原方敗戦ののち、名簿の行方が厳しく追及され、生捕られた千任丸は「先日矢倉の上にていひし事、たゞ今申てんや」と追糺され、「歯をつきやぶりて、その舌を引いだして、是を斬」るという、特異な刑に処される。明らかに言葉戦いの恥辱への報復であった。

G 参考、『参考源平盛衰記』石橋合戦の事[17]

治承四年(一一八〇)八月二十三日の落日の刻、石橋山に挙兵した源頼朝・北条時政の軍三百余騎を攻める、平家方の大将軍大場(庭)景親は、谷を隔てて陣を取り、一気に勝負を決せんとして、三千余騎で声を調えて鬨をつくれば、頼朝方も鬨を合わせて鳴矢を射通して応ずる。

そこへ大場景親が進み出て、「代々将軍宣ヲ蒙」る平家の正統性を強調して、相手方の不義を責めれば、源氏方からは北条時政が歩み出て、院宣を受けた源頼朝こそ「日本ノ大将軍」で「平家コソ今ハ朝家ノ賊徒ヨ」と反論し、景親を源家相伝の家人ではないか、ときめつける。

しかし、大場が重ねて相手の劣勢と孤立ぶりをつき、「落給ヘカシ、命バカリ生ケ申サン」といえば、北条もまた「忠臣ハ二君ニ仕ズト云……唯急参レ」と追及し、さらに大場が重ねて「昔ハ昔今ハ今、恩コソ主ヨ」と突っぱねれば、北条また「一旦ノ恩ニ耽《ふけつ》テ、重代ノ主ヲ捨ントヤ」と切り返す。

こうして両軍の大将が互いに三度にわたって「詞」を交わし、さいごは、北条の追及に「敵モ味方モ、道理ナレバ、一度ニドットゾ笑ケル」という結末となる。

H『十二類合戦絵巻』の「御ことばたゝかい」(18)

ふつう版本「獣太平記」で知られる、十二支とそれ以外の動物の合戦を主題とした、御伽草子系の絵物語で、一五世紀の三〇～五〇年代の成立とされる。愛宕山の山城に籠って十二支軍を迎え撃つ大将の狸太郎は、大手の城壁から身を乗り出し、大音声で「よせてはたれぞ、なのれや」と呼ばわったことから、「京上もせぬたぬき」とか「田舎武者」などと、両軍のさまざまな動物たちによって、激しい「御ことばたゝかい」がくりひろげられる。

＊

さて、以上のような軍記の言葉戦いについて、それが特定の史実かどうか、というのではない。いまはただ、こうした合戦の庭の問答の背後にほのみえる、言葉戦いの習俗と特徴にだけ注目してみたいのである。

（1）A・Gの言葉戦いでは、両軍の大将自らが、公の国制・私の主従の道理にわたって、自らの立場の正当性を堂々と主張し合うのが応酬の核心である。弁論の力量はおそらく大将たる人物に不可欠の資質であった。Hにはその反映がある。
（2）Gの三度のやりとりは、法廷での三問三答の対論のさまもさこそと想わせる。
（3）B・Gで武将の側近の僕従が言戦の主役となるのは、大将の弁論に準ずるものであろう。
（4）Bには言技と武技との分裂もみられる。
（5）Dのように海賊の襲撃の場でも言葉戦いが行なわれ、Fでは「おほくのつはもの、をの〳〵くちさきをときて、こたへん」とし、
（6）しばしば悪口雑言の浴びせ合いにもなった。
（7）Gの問答のあと「一度ニドットゾ笑ケル」というのは、言葉戦いが芸能に傾斜していく徴候でもあろうか。
（8）Eの女房たちの「利口」もGの笑いに近いが、もともと日常生活の中での言葉戦いに、悪口遊びの徴候は濃いのである。

＊

さて、大将同士のそれには、戦闘儀礼の傾向も顕著であるが、（3）～（5）など

からみると、もともと言葉戦いというのは、国政レヴェルの戦争（公戦）で、軍を代表する武将のあいだで理路整然と行なわれるだけではなく、小さな私的な戦闘（私戦）でも、双方の兵士たちのあいだでも交錯した。また、Bで舌戦中の人物を矢で狙い撃ちしたり、Fで言葉戦いに負けた報復に、相手の舌を引き抜いたりというのは、かえって言葉には生命と力とがあり、その勝敗が人心と戦況に与える影響も深かったことを示唆する。

このような軍記物語にみえる言葉戦いの性格について、中世文学の立場から北川忠彦「八嶋合戦の語りべ」は、合戦前にくりひろげられる悪態を、合戦の開始に当たってその成否を占うもの、それによって勝利を自軍へ呼び込もうとする言霊《ことだま》への寄りかかり、と規定する。また、八嶋合戦物語の「詞争」説話についても、『平家物語』に後で挿入された、義経記＝判官伝説の世界とも重なり合う、お伽《とぎ》の世界でまず発達した説話であり、その作者・語り手・享受層はおそらく底辺に近い人たちであった、とも推定している。

言葉戦いというのは、武家社会の一部だけで、特定の時代に発達した戦闘儀礼ではなく、もともと深く言葉や音声の習俗に根ざす、在地の慣行にその基礎を置くものであったか。

この視点から、さかのぼって注目してみたいのは、天平十二年（七四〇）の藤原広《ひろ》嗣《つぐ》の乱のハイライトともいうべき、豊前の板櫃河をはさんだ、勅使の佐伯常人ら六千余の軍と、約一万の広嗣軍との、対決の場面である。⒆

河東に陣した常人等は隼人《はやと》たちに命じて、逆人広嗣について官軍に反抗すれば、罪は妻子親族にまで及ぶぞ、と「呼」ばわらせると、河西に陣した広嗣軍は矢も発せずに静まりかえる。すかさず常人等は広嗣に呼びかけること十度、ややあって広嗣が馬に乗って現われ、勅使常人等と広嗣のあいだに、挙兵の正当性をめぐって問答がはじまる。

その経過は「常人等呼」・「広嗣……云」、「常人等答云」・「広嗣云」、「常人等云」・「広嗣不能弁答」という、整然とした三問三答の形で描かれ、ついに応答に窮した広嗣が退却すると、その軍からは投降する者があいついだ、と記される。

この八世紀なかばの争乱の決戦も、まさに言葉戦いからはじまり、それに敗れた軍隊は戦わずして崩壊を起した。もと音声と言葉は、実戦にも勝る力を備えていたのであり、中世の言葉戦いも、じつは古代にさかのぼる習俗であった可能性は濃いのである。⒇

二　戦国の言葉戦い

くだって戦国期にも、言葉戦いは盛んに行なわれていた。

Ⅰ　『富樫記』長享二年（一四八八）の「言戦」[21]

加賀の長享一揆＝一向一揆の戦いぶりが、「両陣ノ際、足軽ヲ懸ケ、言戦・矢師、日次ヲ送ニ無隙」と描写される。言戦・矢師というのは、すでに軍記の極り文句になっているようでもあるが、すぐ後に、作戦の一環としての「言戦」の様子が、次のように語られる。

守護富樫《とがし》政親の籠る城中から、武者一騎が木戸を開き、堀の板橋を歩み出て、敵陣近くに懸け寄せ、「鐙《あぶみ》踏張リ、通ト立上リ、大音声ニテ名乗」りをあげ、

唯今懸出る意趣は、汝等王土に住みながら、仏法ばかりを荷担し、曾て納法の既得なく、剰《あまつさ》へ国主を傾け奉らんと欲す、言語道断の所行也、……急ぎ甲《かぶと》を脱ぎ荊を負ひ、面縛降参して申すべし、

と呼びかける。やがて城攻めの一向一揆方からも、武者一騎が足早に歩み出て、「大音の皺枯《しわがれ》ヲ以、高ラカニ名乗」り、「国中面々ノ代リニ罷出、御返事申」すと応答し、「百姓ノ歎所」「民間之愁訴」の趣旨を述べて、城中の富樫方に反駁した上で、

此の如き群訴、御承引あらば、群衆各喜悦の眉を啓《ひら》くべし、然らずんば、緩怠ながら、山城へ責上り、御生涯は今日たるべし、

と最後通告を行ない、ついで「散々ニ矢師」が行なわれた、という。

この言葉戦いは、愁訴とか群訴ともいわれ、双方が自らの目的や正当性を、口頭でまっこうから堂々と主張し合うのは、訴訟の庭の対論ともよく似ている。

J　『旅引付』文亀二年（一五〇二）の「詞問答」[22]

和泉の日根庄（大阪府泉佐野市）に住む九条政基の、使いの者の一行が、日の暮れた京からの帰り道で、足軽二〇人ばかりに取り囲まれ、「詞問答」となった。あわや矢戦かというとき、顔を見知った足軽を見付けて、「後日の口遊《くちずさみ》も口惜しい、通してくれ」と「呼懸」けると、面を掩う綿をとって、「通れ」という。「どちらか一方へ立ち退け」というと、道をあけてくれたので、「互礼ヲ成テ、無為ニ罷通」った、と

いう。

また、おなじ日記は、永正元年（一五〇四）、先に領主の執行した盗人の処刑に異議を申し立てた、原告＝実弟の代理と奏者のあいだで、「再参問答を加え、数返の問陣、既に……高声に及ぶ」応酬が行なわれた、と記す。路上で交わされた「詞問答」も、いわば裁判の庭での「問陣・高声」も、おなじく言葉戦いとみることができるであろう。

K　『本福寺跡書』の「言葉問答(23)」

ここには、一家衆＝本願寺一門が、この近江堅田（滋賀県大津市）の寺に加える迫害ぶりの一端が「似非事《えせごと》ヲセワシウ、種々様々ノ口ヲムシリカケ、言葉サスリヲシ、言葉問答・詰問答」と、生々しく語られる。これはJの「詞問答」とおなじであろう。

L　『長楽寺日記』永禄八年（一五六五）の「コトバタ、カイ(24)」

上野の長楽寺領（群馬県新田郡尾島町・現太田市）で、寺の土地を請作する大沢全休が、七年も年貢を納めないので、怒った寺側が現地の差押えにかかる。全体は「人ヲアマタ召連」れ、これを阻止しようとして、「ウシロヨリ、ヲゴ（大声）ヘヲカケテ、云コ（死）トニハ、アガレトハ何事ゾ、只イグワヲウチクダケ」とか、「又云、ヨキコ、ガシニ処ナリ」、というような「コトバタ、カイ」になる。

M『豊前覚書』永禄末年の「言戦[25]」

大友勢と毛利勢の筑前立花城対戦の記事に、「芸州鑓ニまけ、朝夕、野伏ばかり仕り、言戦申し候て、豊州の勢出し申すべき躰」とみえ、天正六年（一五七八）の筑紫広門らとの合戦でも、鉄砲軍《いくさ》のとき「所々にて鉄炮盗人と言戦申し候て、武蔵の里城御打破」と記される。この立花城攻めの言葉戦いは、次の軍記にもみえる。

N『大友興廃記』永禄末年の「言葉戦ひ[26]」

おなじ立花城の対戦について、

互に長陣の間に、雑兵の奴原《やつばら》敵も味方も、言葉戦ひに、ある時は悪口し、又或時は、雑談狂言にいひなして、興を催す時もあり、

という。この言葉戦いの実体は悪口・雑談・狂言で、その主役はもっぱら雑兵たちであった。

ついで、長陣のなぐさみに、「五月《さつき》待つ、花立花の城ぜめは、くさるよろひの袖の香ぞする」とか、「やがて落城の歎き、思ひやられ、いたはしく」などと、狂歌の類

を「矢文《やぶみ》」で応酬しあう様が詳しく記され、雑談狂言つまり言葉戦いの中身がどのようなものであったか、をよくうかがわせる。

○『上井覚兼日記』天正十二年（一五八四）の「言戦」(27)

薩摩の島津氏は、海上から肥前有馬に進攻して、

小村々々は、足軽舟漕付候て、放火共也、井福へ柏原左近将監《しょうげん》、小舟より遣候て、言戦など申させ候、夫《それ》より、城内より落合頼み存じ候由、申し候間、将監も陸に下り候て、兎角申され候、事和《やわら》ぎ申し候、

という作戦を展開した。これについて「義久御譜」同日条には、使の柏原左近将監が小舟に乗り、井福に到って「放言」をすると、城内の士が浜辺に出てきて、「和平」を乞いたいというので、将監らは上陸して「和睦の実否」を聞いた、と解説している。

村々に放火するゲリラ戦法は足軽たちにやらせたが、敵方の拠点・井福城下には、重臣の覚兼に直属する宮崎衆筆頭の柏原左近将監を小舟で潜入させ、城衆切り崩しの工作に当たらせた。この作戦が「言戦」であるが、それを近世では「放言」と呼んで

いるのが、この言葉戦いの様子をよくうかがわせて、面白い。

Ｐ　天正十八年（一五九〇）北条家印判状の「詞たゝかい[28]」

敵と善悪に就て詞たゝかい、停止せしめ畢《おわんぬ》、何事を申かけ候共、まねきかけ候共、一切に取逢ふべからず、自然、凡下《ぼんげ》の者存じ誤り候共、既に法度に背くの上は、即時に死罪に処すべく候、堅く申付らるべく候、仍《よつ》て件《くだん》の如し、

（虎朱印）卯月十二日

小幡兵衛尉殿

この指令は、封紙の裏の「天正十八庚寅歳卯月十二日」という、異筆の受領日付けによれば、あたかも豊臣方による「小田原征伐」の渦中に発せられた、陣中法度ということになる。申しかけ・招きかけというのは、Oの例からみると、敵方から城衆への切り崩し工作を指している可能性が大きい。この禁令は、それに乗ぜられぬよう、雑兵たちの言葉戦いを抑制しようとしたものか。次にその再令もある。

Ｑ　同年、北条家印判条書の「詞戦[29]」

改定条々

一、敵と詞戦停止の由、相定むる処に、役所に依り妄の由、風聞候、これに依り、諸手へ改て申付候、其の分別あり、向後、改て厳く仕置あるべし、誤ても詞を出す者これ有らば、即時に相搦め、披露あるべき事、

一、長陣に候間、労兵たるべく候、夜中の番、改て一時づゝ、人衆の内何番に成り共相定め、堅固に役所を堅めらるべし、ゆめゆめ油断有る間敷き事、

本状も小幡兵衛尉宛で、第一条の「詞戦停止の由、相定」とは、Pの指令が各陣所に徹底していないというので、もう一度「改定」して再令したのである。長陣での「詞戦停止」は、軍陣の法度に重要な位置を占めていた。

この再令のすぐあと、おなじ小幡氏に「扱いの取り沙汰について、諸役所油断の由に候、改めて堅固の仕置、肝要に候」と命令されている。扱いの取り沙汰、つまり北条の降伏近しという情報が、言葉戦いを通じて、戦線のいたるところに流され、北条軍に戦意の喪失をひきおこしていたのである。北条軍団は軍事力よりは言葉の力によって、早くから崩壊に瀕していたのではないか。それをどうくい止めるか、これこそが詞戦停止令の一貫した狙いであった。

だが、上野の村での言葉戦いの習俗は、Lにもみられたように、おそらく領主レヴェルから凡下の者（村人）にまで広く行なわれ、大名が法度をもって、死罪の対象として厳禁しても、なお抑し止めえないほどに、根強い習わしであったらしい。

R 参考、「武田信繁家訓」永禄元年（一五五八）の「悪口(30)」

一、諸卒、敵方に対し、悪口を道《い》ふべからざる事、語云、蛟蜂を呵起せば、奮迅して竜と成る、

この条の趣旨は、引かれる格言（景徳伝燈録）の文意からみると、悪口の言い合いで相手に無用の刺激を与えてはならぬ、というのであろうか。戦国大名武田氏（信繁は信玄の弟）もまた、雑兵の言葉戦いを禁じようとしていたらしく、北条氏の禁令も異例ではないようである。

S 『細川幽斎覚書』の「言葉戦ひ(31)」

戦国を武将・文化人として生きた細川幽斎の筆録は、言葉戦いの戦術を説いて、ひときわ精彩を放つ。「城はやしと申事」と「言葉戦ひと申事」からなる、次のような一文がそれである。

一、竹束にて仕寄《しより》、城を巻候時、城はやし《(囃)》と申事あり、せいろう《(井楼)》の上に二、三人も上り、拍子木を打て、をんど《(音頭)》を取り、城に「なふなふ、明日は首をたもろ《(ばカ)》ふ、ゑい〱わつ」と、竹束の裏に有之同勢、一度に声をそろへ、時の声をつくり、鉄炮をはた〱と打かけ候、左様に致す時は、夜の五時、また夜明にも致候、

幾度も右のごとくに致し候へバ、城中に居候女子共、又、籠城など仕りたる事なき不案内者ハ、殊の外さはぎ《(騒)》、あはてる《(慌)》者にて候、左候得バ、廿日持候城も、十日も持かね、落城致す物にて候、

又、言葉戦ひと申事有之候、口かしこきもの、せいろうに上り、「御陣へ申度事候」と申候へバ、「何事にて候」と答候、此方より申は、「籠城御太儀に候、とても御持こたへ候事、中々成間敷候間、御降参候へ、左なく候ハヽ、何方より成とも、突破り御出候へ、御首はやく申請《うけ》度事候、兎角、御首不申請候ては、なり申間敷候」抔《など》と、敵の心の懸る事を可申候、去ながら、慮外がましき事申候得バ、敵方よりも悪口申候間、敵の心くらし候事計《ばかり》、申物にて候事、

戦いの庭での音声による戦術には、城はやし・言葉戦い・悪口とさまざまな方式があった。言葉戦いというのは、味方の「口かしこきもの」（弁舌の立つ者）が籠城中の敵方にむかって呼びかけ応答させて、降参すれば助けてやろう、さもなくば決戦せよ、ぜひに首が欲しい、などと「敵の心の懸る事」をいって挑発する、心理作戦ないし神経戦術である。

「言葉戦ひ」と「城はやし」はよく似ているが、城はやしは一方的に仕かけるのに対し[32]、言葉戦いは双方で応答し合うことが前提とされ、それも「敵の心くらし候事」、つまり相手を不吉な暗い気持にさせる言葉に限られ、余計な悪口とは峻別される[33]。

T　参考、『魚類合戦河海物語』に、「ときの声をあげさせ、……落書《らくしょ》を立、敵のうちわを崩べし」というのも、敵陣の切り崩しという点では、Sと共通した戦術である[34]。

U　参考、『中世なぞなぞ集』「なそたて」に、次のようなナゾ解きがみえている。

よせ手のひがごと　　じやうり

「じやうり」は草履の訛りで、城理とかけている。城攻めの「よせ手」の方が「ひがごと《（僻事）》」なら、城方に理（利）がある、つまり「城理」だ、というのである[35]。城攻めの合戦の庭で、言葉戦いを楽しんでいる雑兵たちの目がここにはある、といえば独断に過ぎようか。

V『土佐国滝山物語』慶長八年（一六〇三）の「言葉戦[36]」

土佐の新領主の山内領で起きた、滝山一揆のはじまりの記事である。

刑部《ぎようぶ》怒テ、令人、左馬助ヲ土居《どい》ニ召寄ス、……刑部面前ヘ呼出シ、直ニ上納ヲ責ル、左馬助 聊《いささか》恐ル、気色ナク、我上納セント欲スレドモ物ナシトテ、互ニ言葉戦終リ、座ヲ立破リ、刑部ヲ 詈《ののしり》テ、土居ヲ退去ス……出張ノ者共、幅五十間計ノ川ヲ隔テ、種々悪口シ、キビシク鉄炮ヲ打カケ……、

この「言葉戦」は、年貢不納のため代官所に召喚された、一揆農民方の首領と大名山内氏の直轄領代官との応酬という、裁きの庭での問答である。後段の「川ヲ隔テ、種々悪口シ、キビシク鉄炮ヲ打カケ」る戦場でも「悪口」が交わされているが、それとも区別して記されている。

W「奥屋内書付」元和四年（一六一八）の「詞戦[37]」

伊予・土佐国境の黒尊山で起きた、宇和島伊達領民と山内領民の山論である。

予州宇和島領より、大鋸《だいぎり》・杣夫《そまふ》・足軽類共、都合三百人余、右御山江踏越、谷谷へ入り込、……篠田仁右衛門おし留め、……申に、与州者多勢にて取巻き、詞戦におよび申、

こうした山論のぶつかり合いの場での「詞戦」は、言葉戦いが村々の山論の過程にもたしかな位置を占めていたことをうかがわせる。

＊

さて、以上の戦国・近世初期の言葉戦いには、

（1）もはや大将同士が陣頭に立って行なう例はみられず、

（2）戦闘儀礼的な性格をうかがうこともむずかしい。

（3）新たな言葉戦いの主役となったのは、雑兵・凡下など一般の兵士たちであり、

（4）ときに敵陣切り崩し作戦とされて実効をあげるが、

（5）また雑兵による悪口の応酬へ、言葉戦いの転落傾向はさらに顕著となり、

（6）長陣の退屈しのぎの余興・なぐさみともされて、芸能への転化の様相もみせる。「古への矢文には猛将を殺し、今の矢文には敵の長陣をなぐさむる」という『大友興廃記』の評言は、言葉戦いの変化にもそっくり当てはまるであろう。

（7）大名法が言葉戦いを禁止するのは、その変質つまり（3）～（5）のような動向に対処するためで、敵方の切り崩し作戦とは表裏の関係にあったとみられる。

（8）その一方、前代にはよくみえなかった、一揆や村落のレヴェルの言葉戦いがはっきりと姿を現わし、言葉戦いは在地紛争の自力解決の過程にも固有の位置を占めていたこと、もと裁判の庭での応酬とも不可分のものであったことなどが、よくうかがわれるようになる。

このような特徴を戦国期に固有の特質とみるか、前代の文献上には顕在化してこなかった言葉戦いほんらいの性格とみるか、まだ断定はできないが、雑兵・凡下のあいだに芸能化するまでに行きわたった、根強い言葉戦いの慣行の様相からみるとき、後者である可能性は大きいのである。

三　民俗の言葉戦い

さいごに、さきの北川氏の示唆をうけて、民俗の世界にも少し目を向けると、言葉戦いによく似た数々の習俗が、すでに広く知られている。

たとえば、悪口祭・悪態祭・喧嘩祭などの行事がそれである。そこでは、神事に参加する人々が、お互いにまたは司祭と、悪態をつき悪口を言い合い、相手を言い負かせば、その年の幸運が予言されたことになる、という。小正月の前夜に、子どもたちが家ごとに悪口を言い歩く、予祝の習俗もある、という。

文献の上で知られる例もある。上方落語「野崎まいり」は、大坂北郊の野崎観音詣りに、寝屋川を舟で行く者と徳庵堤を歩く者のあいだで、互いに言い合う悪口の風習を描いて知られるが、その原話は、天和三年（一六八三）板の『鹿野武左衛門口伝はなし』にみえる「やつこのけんくわ」などに求められる、という。[38]

また、元禄五年（一六九二）板の井原西鶴『世間胸算用』は、京都祇園の大年の夜の「削りかけの神事」を「闇の夜のわる口」として描き、

神前のともし火くらふして、たがひに人皃《かお》の見えぬとき、参りの老若男女、左右にたちわかれ、悪口のさま〲云がちに、それは〱腹かゝへる事也、

と活写する。[39]

さらに、奥羽を旅した菅江真澄の『保呂羽山年中行事』も、保呂羽の五日堂での正月四日の風習を、

峯に登る人々うちむれ、路もさりあへず、わる口・大口利《き》クを、こゝにて悪態といふ、そをわれ劣らじと、口々に云ひ罵詈《ののし》りける事は、都の祇園の削掛・尾張の天道祭・みちのく江刺ノ郡黒石の妙見祭なンどのごとく、親子居ならびてうち聞ク事あたはぬ事のみ、

と書き留めている。(40)

これらの源流としては、言問・言技が注目される。もと言問（コトドイ）は、折口信夫のいう、祝詞（ノリト）・寿詞（ヨゴト）にさかのぼり、問われた相手を言い負かさねば、服従したことになり、問答で言い勝つことは、相手の呪力や生命力を奪うことになる、と信ぜられたという。延喜式の祝詞のうち「六月晦大祓」や「遷却祟神」で、神掃い・神攘いの行為が、「神問」・「語問」に対する「語止」・「返言不申」を核心として記述されているのは、そのよい例である。(41)

諺（言技、コトワザ）というのも、もと言葉によって自分の呪力や威力を示して敵の魔力に勝つために、神の呪言（コトホギ）から独立した呪詞であり、戦闘の所作（シワザ）に対する言技（コトワザ）であった、という。二つの集団が衝突し合っ

て、互いに相手を屈服させようとするとき、気のきいた言葉で敵をあざけり、弱点を突けるならば、弓矢を交えなくとも敵の戦意は失われ、味方の士気は高まった、というのもおなじことであろう(42)。

柳田国男はとくに「言葉争ひ」を論じて、他人と談判したり、隣の土地へ掛け合いに行ったりするばあいには、かならず口の達者な人が出かけたことは、ちょうど腕の達者な人が戦いに出かけるのとおなじで、最初は相手の弱みを狙って真剣に敵をあざけり、味方を腹いっぱい笑わせるのが目的であった、と説いている(43)。

村の歴史にも民俗との接点はある。一七世紀の中頃、大和の吉野と鳥住村の山論が鉄砲・兵具をもち出して「武士ノ軍陣ノ如シ」という大喧嘩になった後、「利発ニシテ弁舌人ニ勝レ」た吉野の長右衛門は、村では茶・タバコ・紙を商う「ワキ〱ノヤセ商人」に過ぎなかったのに、「能《よく》物ヲ云タリシ故」に「大将分ノ名ヲ取テ、張付《はりつけ》ニ懸」けられた、という(44)。

また、近世のはじめ、近江の野州郡三上村と北佐久良村の山論の対決を記した「覚」は、双方の白熱の応酬ぶりを、「又呼かけ」「又呼かけ」と、言葉戦いさながらの息遣いで、生々しく書き留めている(45)。

さかのぼって、室町後期頃の神事芸能といわれる、大和上深川の題目立にも手がかりがある。これは村の「若衆」の宮座入りの成人儀礼であるが、一七歳になったわかものたちは、「題目立を言う」こと、すなわち鎮守の神と村の長老たちの前で、自分の名を名のり、長くむずかしい軍記の語り（もと自分の経歴を述べる祝詞か）を間違いなく立派に語り終えることによって、はじめて一人前の成人として認められた、という。(46)

こうして、言葉戦いの技法や作法は、中世から近世にかけての村々でも、成人に必須の要件とされ、村の紛争解決にも不可欠の位置を占めていたにちがいない。

さらに、言葉戦いの慣わしは、日本を超えてしまう形勢である。古く『旧約聖書』で知られる、ペリシテびとゴリアテとイスラエルびとダビデとの対決の場面では、陣頭に出てきたゴリアテが一騎打ちをいどみ、神々の名によって、ダビデをのろえば、進み出たダビデも、イスラエルの軍の神の名によって、おまえに立ち向かう、とやりかえす。(47)神の名によって語られる言葉は、神の言葉そのものであった。もと戦争は、人々の傍にいますとかれらの考える、神の命によってはじめて行なわれる、と信じられていたのである。(48)

中国でも、『太平御覧』は「挑戦」の条に、言葉戦いによく似た数々の例を引く。たとえば、項羽が漢王高祖に挑戦すると、高祖は項羽の十罪を数えあげ怒らせた、とという『史記』の記事や、諸葛亮が司馬宣王に挑戦し、婦人の頭巾を示して怒らせた、という『魏氏春秋』の記事などがそれである。(49)

一四世紀中頃の小説『三国志通俗演義』でも、言葉戦いそっくりの場面が次々にくり広げられる。たとえば、陣の定まった所で曹操が馬を乗り出して、逆賊め、天子を奪い人民を連れ出しどこへ行くつもりか、と大音に呼ばわれば、呂布も負けずに、主に背を向けた匹夫め、なにをほざくかと罵り返す、というように。(50)

言葉戦いは日本を超えて、古くから挑戦の作法をなしていた可能性が大きい。このように、言葉戦いというキイワードの有無にはこだわらずに、同じような事例を訪ねて行けば、言葉戦いの世界はさらに大きく広がっていくであろう。村人たちの見守る前で、紛争の当事者が互いにくたびれ果てるまで太鼓の伴奏に合わせて罵りの歌を交わし続ける、というグリーンランドイヌイットの裁判＝「太鼓合戦」や、アラビア人の名誉をかけた「悪口合戦《ムナーファラ》」、あるいはサイモン・ロバーツの「話し合い」（トーキング）についての指摘などにも、心ひかれるものがある。(51)

日本でも、たとえば、古く漢文体の「詔勅」に対する「宣命《せんみよう》」の地位にみるように、「宣《の》る」ことを神の言葉として、文字や文書に優るものとみなした時代があり、のち狂言の時代にいたれば、太郎冠者「私のしびり（痺）は、やさしいしびりで、宣命をふくめますれば、そのまま直りまする」

主「それならば、宣命をふくめて、早う直せ」

太郎冠者「畏《かしこま》ってござる。ヤイしびり、よう聞け。今晩、伯父御様へ行けば、お茶の、御酒《ごしゅ》のとあつて、御馳走になるほどに、直つてくれい、しびり。「エーイ。ホイ」」

などと、「宣命を含める」というような言葉までも生み出していくことになる。[52]

また、たとえば、村の現行犯主義に対する領主の自白主義のように、物証や証人ではなく「白状」を絶対の証拠とみなした時代もあり、「風聞」という形で闇に放たれた告発の言葉を払いのけようとすれば、数ある仏神の御名にかけて告文《こうもん》を捧げるほかはなかったのである。[53] これらのありようを思えば、おそらく言葉戦いの世界は、広い音声・言葉観の世界とも、分かちがたいものとなるにちがいない。

おわりに――言葉と音声の世界

以上のような言葉戦いの様相をみるとき、それは、笠松宏至氏によって明らかにされた「悪口」とも、同じ音声と言葉の世界に根差しながら、独自の領域で成長を遂げてきたもの、ということができるのではあるまいか[54]。

その実態は、室町以前には、主として武将やその郎従たちに担われて、戦闘＝挑戦の作法として現われ、しだいに悪口とも合流しようとしているさまが観察される。なお、挑戦の作法といっても、この時期の合戦のルールを「つはものの道」として検証した、石井紫郎氏も言葉戦いには触れておらず、まだ自明の存在となってはいない[55]。

ついで戦国期にいたれば、言葉戦いはもっぱら一般の侍や凡下たちに担われ、挑戦の作法というよりは、戦争の庭から裁判の庭・山論の庭、さらには村の路傍や野良でも交わされる、誘降と脅迫の戦術へ、さらに口論や悪口雑言の楽しみへと、多岐にわたって展開した。また、交わされる言葉のもつ威力の故に、戦場でこれを仕かけることも応答もともに、大名法で禁止されたりもした。言葉戦い停止令の出現は、中世の言葉戦いの歴史、つまり人々のもつ言葉・音声観に、大きな転機が訪れたことを示唆している。

こうした言葉戦いの変りようは、おそらく、戦闘の形が武将の一騎打ちから足軽の集団戦法へ転化するというような、戦争の性質の変化ともかかわるであろう。また、村人たちに主体的に担われる、在地の紛争解決の過程が、とくに一四世紀以後、大きく歴史の表面に顕われてくるのとも関連があろう。源平の武将たちの国政をかけた戦争の庭でも、村人たちの山野や水をかけた紛争の庭でも、言葉戦いは共通してみられたのである。

中世の終りに、詞戦は私戦と運命をともにして歴史の表面から姿を消すが、詞戦の慣行はなお深く村々のレヴェルに生命を保ちつづけて、近世にいたるであろう。とすれば、辞典類や諸文献の示すところだけによって、言葉戦いは中世の終りとともに悪口雑言に転落するとか、一挙に風化して祭りの儀礼や芸能に転化する、などと断定するにはなお慎重でなければなるまい。

＊

おわりに、ともかくも中世らしい言葉戦いの原型を考えてみようとすれば、想起されるのは、中世裁判の原点をついて、言葉と音声の世界のもつ重要さを明らかにした、笠松宏至氏の次のような指摘である。(56)

ある種の権力が行う「裁判」であれ、あるいは近隣の「仲人」であれ、訴えをもつものは、そこに出向いて言葉で彼の主張を述べた。あるときは論人と対して「問注」も行われただろう。その手続きの主体はあくまで言葉であり、音声であった。そしてもし何らかの理由で、この音声に代る手段として訴陳「状」がつくられたとしても、それはあくまで音声の代用にすぎない、

これに従って、幕府法廷から日常的な在地の中人裁定の庭にわたる、中世裁判の原点は言葉と音声の世界にあったとみるとき、戦争から山論の場にわたって交わされる言葉戦いもまた、もとは裁判の庭と同じ世界にあったのではないか、という想いを深くする。

戦いの庭の武勇では、「一人当千の名」をほしいままにした熊谷直実も、源頼朝の直裁で行なわれた「境相論」の「対決」の庭では、稚《おさな》く言葉に窮し、「理運の文書」を庭上に投げ捨て、自ら髪を断って、姿を消した。[57] 鎌倉時代はじめの、心ひかれる出来ごとである。

裁判から戦争にわたる、さまざまな争いごとは、もと両者の出会う紛争の現場で、

互いに言葉によって挑戦し、正義や道理よりは、言技によって相手方を屈服させることから始められ、言葉戦いの敗者はその主張の理を失うものと信ぜられ、しばしばそれによって決着がつけられたのであろう。

もと裁判と戦争とは、自力救済という一つの幹から分かれた二つの枝、あるいは在地の紛争解決の体系の二つの階梯であった、と認めてよいのではあるまいか。言葉戦いの世界への関心が、そのような中世の課題解決の仕組みを解いていく、ささやかな糸口になれば、と念じられる。

注

（1）「戦争は政治におけるとは異なる手段をもってする政治の継続にほかならない」ともいわれる（クラウゼヴィッツ『戦争論』岩波文庫本）。ホイジンガ『ホモ・ルーデンス』は戦争の文化機能に注目し、相手社会を平等の権利をもつ存在として認めあい、宣戦布告によって平和状態や犯罪的暴力とも区別し、場所を限定して行なわれる限り、戦争は文化の範囲に加えることができる、とする（高橋英夫訳・中公文庫本一九〇頁以下）。

（2）大日本古記録『上井覚兼日記』。なお「旧事雑録後編」一、三四〜三五、九六、五八〇、六二〇頁参照。

（3）法政大学出版局刊。

（4）新潟県東蒲原郡地方の行事、阿部洋輔氏の体験談。

（5）小島孝之氏のご教示による。以下注7・注11も同じ。
（6）吉川弘文館刊、浅見恵氏のご教示による。
（7）梶原正昭氏の執筆、明治書院刊。
（8）『邦訳日葡辞書』コトバダタカイの項はこの例。
（9）「白河殿攻め落す事」、金刀比羅宮本、日本古典文学大系。
（10）日本古典文学大系。
（11）北川忠彦「八嶋合戦の語りべ」『論集日本文学・日本語』3中世。
（12）第四段、『謡曲集』日本古典文学大系。
（13）巻第十二「正上座行快海賊を射退くる事」日本古典文学大系。
（14）巻第十六「七条院の女房備後・越前・尾張等、詞闘の事」日本古典文学大系、北川忠彦氏のご教示による。戦国期の「利口」の用例は、薬師寺『中下﨟検断之引付』天文十七年・同二十年条など。
（15）中・下巻、『群書類従』合戦部。なお梶原正昭「詞戦」『平家物語研究事典』参照。
（16）東洋文庫本『貞丈雑記』3、二七頁。
（17）巻二十、『改訂史籍集覧』。
（18）下巻、第一段。伏見宮貞成親王らが成立に関与したと推定されている。『日本古典文学大辞典』「十二類絵巻」（岡見正雄氏）。なお、該当する画面の絵解的な詞句の部分の損傷のため、言葉戦いの内容が十分に判読できない。『日本絵巻物全集』・『図説日本の古典』11、藤本正行氏のご教示による。
（19）『続日本紀』（国史大系本）天平十二年十月壬戌条。野田嶺志氏のご教示による。
（20）中山太郎『日本巫女史』三二四頁が古代の「言葉たゝかひ」を論じている（野田嶺志氏のご教示による）。
（21）同年五月条、『群書類従』合戦部。

(22)図書寮叢刊『政基公旅引付』文亀二年十二月三日・永正元年七月六日条。

(23)「オスニオサレヌコト」条、日本思想大系『蓮如・一向一揆』一二四頁。同寺の僧明誓（延徳三～永禄三?）の記録。なお「詰問答」の例は同書一一頁・本書一二五頁にもみえる。

(24)「長楽寺永禄日記」『群馬県史』資料編・中世1、七五七頁。

(25)『博多筑前史料　豊前覚書』二・四、一一・一三頁、高木昭作氏のご教示による。

(26)巻八、矢文之事、『大分県郷土史料集成』上巻。芥川竜男氏・阿部郁子氏のご教示による。なお、増補故実叢書『武家名目抄』第八は、軍陣部六の二に「言葉戦」の項を立てて本書を引く。山田英雄先生のご教示による。

(27)四月三日条、大日本古記録。「旧記雑録後編一」一四一三号『鹿児島県史料』。なお、柏原左近将監の地位については、山口研一氏のご教示による。

(28)尊経閣所蔵影写本「小幡文書」、『群馬県史』資料編・中世三六一二号。

(29)六月朔日、継目裏朱印（印文「調」カ）のある原本、神奈川県立文化資料館所蔵「小幡文書」『群馬県史』資料編・中世三六三二号。六月十二日、北条家印判「覚」、尊経閣所蔵影写本「小幡文書」、同三六三四号。

(30)『甲陽軍鑑』流布本四七条。なお、流布本と系統を異にする堀木氏蔵本は、なぜかこの箇条だけを欠いている（桃裕行「『武田信繁家訓』について」『宗教社会史研究』雄山閣出版）。柴辻俊六氏のご教示による。格言（語云）の出典は岩本篤志氏のご教示による。

(31)『改訂史籍集覧』一五冊。細川幽斎（一五三四～一六一〇）、名は藤孝、法名を玄旨、織田・豊臣・徳川三代に仕える。

(32)「城はやし」の実情については、近世の兵法書『武教全書講義』「城ばやしの事」条に、次のような解説がある（八巻孝夫氏のご教示による）。

私（雄備集）に云はく、城ばやしと云ふは、城を巻詰めて、其の城堅固なるが故に、早速落城仕らざるか、或は又、敵の様子に由つて、敵地へ聞ゆる如く、仕寄先に於いてか、陣中に於いてか、敵の悪しき義を小歌に作り、諸軍に唱はせて、踊を踊らせ鼓を打たせ、乱舞などをさせて見すること之れあり、又は仕寄の時の小歌にも致す、是れを城ばやしと云ふ也。

此くの如き義は戯事に相似たりといへども、味方の諸軍は鬱気を散じ志勇み、弥々敵を事ともせず、其の鋒先強し。敵はこれに気を奪はれ、益々気遅れ、城外へ出ざるを退屈して、武略を運らすことをせず、或は降参を願ひ、内通を仕る如くなる、皆是れ城をはかるの武略也。

又云はく、城ばやしと云ふは、小謡などを作り、諸手にて謡はしむる也。これは敵を急かせ怒らしむるの術也。（『山鹿素行兵学全集』5、三九六〜三九七頁）

(33) 天文末年（一五五〇）頃、信濃の戦場では「敵味方の間でも、商いはあるものだ」とか「古えより、陣中において（敵味方で）売り買いの例あり」など、言葉戦いが交わされていたという（二木家記・小笠原系図、笹本正治「戦国大名武田氏の市・町政策」『武田氏研究』9）。
(34) 『室町ごころ』中世文学資料集、横井清氏のご教示による。
(35) ナゾ解きとも、鈴木棠三編、岩波文庫本七〇頁。
(36) 同年十一月条「土佐国群書類従」六十五、『大日本史料』十二の一。なお、藤本正行氏のご教示によれば、島原の乱の際にも、「志方半兵衛言上書」などに、言葉戦いがみられる、という。
(37) 『山内家史料』一。
(38) 下の三、稀書複製会本、五期七回。なお宇井無愁『落語の根多』角川文庫、参照。北川忠彦氏・髙野啓子氏のご教示による。
(39) 巻四、日本古典文学大系『西鶴集』下。

(40)「雪の出羽路」平鹿郡四、『菅江真澄全集』六、菊池勇夫氏のご教示による。
(41)『祝詞・寿詞』岩波文庫本。
(42)石上堅『日本民俗語大辞典』、大島建彦「悪口」『日本民俗事典』。
(43)「なぞとことわざ」『定本柳田国男集』二十一巻。
(44)「河内屋可正旧記」巻五『近世庶民史料』。
(45)「大谷雅彦氏所蔵文書」東京大学史料編纂所架蔵写真帳。
(46)金井清光「中世芸能としての題目立」『文学』五三の六。
(47)「サムエル記」上、日本聖書協会、一九五五年改訳版。
(48)タキトゥス『ゲルマーニア』七、岩波文庫本。
(49)巻三一一、兵部四二、「国学基本叢書」五、山田英雄先生のご教示による。
(50)第六回、立間祥介訳『三国志演義』。なお、小川環樹・金田純一郎訳『完訳三国志』全八巻では、二巻二五頁・三巻八頁・五巻二九九頁・八巻三九頁など。ただし正史『三国志』(二～三世紀の成立)の登場人物の本伝には、該当する記事は認められない、という。以上、関尾史郎氏のご教示による。
(51)ホイジンガ『ホモ・ルーデンス』Ⅲ～Ⅴ、青柳真智子氏・山田英雄先生のご教示による。F・ナンセン『エスキモーの生活』第十一章(W・アーチャー英訳、一八九三)、佐藤俊氏のご教示による。トーキングの例はサイモン・ロバーツ『秩序と紛争』第四章。
(52)日本古典文学大系『狂言集』上、小名狂言「しびり」。『邦訳日葡辞書』「センメヤゥ」にも「センメヤゥヲ　フクムル(人に或る事を繰り返して言い聞かせる)」の用例を収める。
(53)「薬師寺上下公文所要録」天文十四年六月条、酒井紀美「中世社会における風聞と検断」『歴史学研究』五五三、参照。
(54)『中世の罪と罰』1、なお、同「あっこう」『平凡社大百科事典』参照。

(55)「合戦と追捕」(一)『国家学会雑誌』九一の七・八、『日本国制史研究Ⅱ　日本人の国家生活』所収。
(56)「『日付のない訴陳状』考」『日本中世法史論』三〇八頁。
(57) 国史大系『吾妻鏡』建久三年(一一九二)十一月二十五日条。

第二章　身代わりの作法・わびごとの作法

中世の村は、破壊的な暴力の回帰や反復を避けるために、いったいどのような主体的な能力や作法を備えていたか。中世を通じて、さまざまな紛争の庭で、そのはじめの段階にみられた、「言葉戦い」という挑戦の作法（武技に先行する言技）も、その一つであったが、ここではさらに、紛争の解決の過程に特徴的にみられる「身代わり」や「人質」の作法、その最後の段階によくみられる「わびごと」や「降参」の作法、などについて調べてみよう。

少なくとも一五～一六世紀を通じて、中世の村がしだいに自前の紛争解決能力を高めていたことは確実で、たとえば、村という共同体のために払われる個人の犠牲に対して、村が集団として補償や褒美などを与える慣行を成立させていた事実は、よい例である。(1)近世で「村請《むらうけ》」の母体となる、自立した村のたしかな原型がここにある。

さて、中世の犠牲といえば、わたくしたちは、服従や講和を誓う契約の証《あか》しに、しばしば童児が人質に取られ、童女が政略結婚の犠牲になったという話を、歴史の悲劇や戦国のロマンとして、よく知っている。また、現代のハイジャック事件のような、荒っぽい人質取りも、ごく日常的に行なわれていた。

さらに、殺人事件の処理にさいし、被害者側に加害者＝下手人本人ではなく、加害者の所属する集団のメンバーのだれかを、解死人《げしにん》として引き渡し、被害者側はその謝罪の意志に免じて、原則として処刑しないという習慣もあり、この解死人にも、よく子どもや集団内部の弱者がえらばれた、という興味ある事実も知られるようになっている。(2)

こうしてさまざまな紛争解決の庭で、人質や身代わりに子どもや集団内部の弱者を立てる慣わしは、その根もとで一つにつながっていたのではあるまいか。いったい「質取り」や「身代わり」の習俗は、中世後期の社会にどのような特徴をもって広がり、その底にはどのような意味が秘められていたか。

一　荘園の人質——和泉国日根庄の「質取」

はじめに、一六世紀の初頭に公家の九条政基が目のあたりにした、一地方の荘園の「質取《しちどり》」の様子を、かれの日記『旅引付』によって眺めてみよう。(3)舞台は、領主のかれ自身が足かけ四年のあいだ滞在した、和泉の日根庄（大阪府泉佐野市）である。ここは、里方の日根野東・西と、山あいの入山田四ヵ村（船淵・菖蒲・大木・土丸）とに分かれており、政基は入山田のうち大木村の長福寺に住んだ。

A　文亀元年（一五〇二）六月十七日、近くの佐野の市《いち》（二・七の六斎市）の日に商売に出かけた大木村の百姓三人が、市場で守護方に「搦取」られてしまった。「地《じ》下《げ》」=村では評議して、いますぐに「蜂起」して佐野に放火するか、さもなくば「取返」=報復に、佐野の者を「人質」に取ろう、ということになった。

そこへ「召取」られた一人が縄を解いて逃げ帰ってきた。また「佐野ノヲトナ《（長老）》両人」からは、こんどの一件は守護方が小木の者三〇人ほどに命じてやらせたもので、佐野の者は関与していない、それどころか自分たちは日根庄からきた「市立ノ人々」が質取りされないよう、「地下ヨリカクシテ、各返シ」てやった程だ、といってきたので、報復は取り止めにした。政基もさっそく守護に抗議し、質取りするなら自分の「御内人を留置」すればよい、「罪なき御百姓」は返せ、と迫った。

やがて「囚人」の一人は翌閏六月一日の夜に堺から逃げ帰ってきたが、もう一人「十二、三の者」の消息は知れない。翌七月六日、なんとか「親子」そろってうら盆を迎えたいというので、地下=大木村では、領主の政基には相談なしに、守護方に

「代物」つまり身代金を払って、「搦取」られていた「地下人」を「乞請《こいう》」けた（三二～四一・五〇頁）。

B　七月十一日、槌(土)丸村の三昧聖《さんまいひじり》二人と船淵村の番頭の下人《げにん》一人が、近くの井原村の安松で守護方に「召取」られたが、しばらくすると帰ってきた。聞いてみると、たまたま三昧聖の叔父が安松にいて、「田の一反も作らず、ただ当道《とうどう》の職ばかりにて渡世《とせい》」するものは「敵御方《みかた》の沙汰におよばない」習いであるし、また「下人」のような「堅固の小者《こもの》」を質に取っても「御公事《くじ》（もめごと）の落居」にはなるまいと侘言《わびごと》して、代物一〇疋を払って「取返」してくれたのだ、という（五〇頁）。

C　七月二十九日の夜半、日根野東方・西方の百姓たちが「守護の成敗」だといって、在地領主の日根野氏に「召取」られた。しかし西方の百姓たちだけは、守護方だという理由で釈放された（五三頁）。領主の政基は「地下人たちの召籠《めしこめ》を続けるなら、こちらも守護方の者か摂津・和泉の者を、五人でも十人でも、京都で召籠めよう」と、「国質《くにじち》」の対抗策を考えるが、実行するにはいたらない（五九頁）。

D　八月二十八日、守護方の家来である日根野氏の手勢が、日根野東方の村に乱入して、先番頭と脇百姓の二人を「生取《いけど》」って引き揚げたため、入山田村では各地の「早鐘」をつき鳴らして村々の「人数」を催し、追跡して「矢戦」をしかけたが、取り返せなかった。やがて日根野東方の番頭からは「命を助かるには山入り（逃散）するしかない」と、村ぐるみの山入り＝逃散を通告してきた（六二～六三頁）。

E　九月二十三日の明け方、守護方についた日根野西方の村が年貢を完納しようとしないので、政基は家来たちに、西方の村の番頭で神主でもある「惣庄の宿老」一人を「召籠」めさせる、という強硬手段をとった。これを知った守護方からは、日根野氏らが「諸郷千人ばかり」を動員して攻め寄せたが、政基方からは、山に逃散していた東方の百姓も出て、二百余人でこれに抗戦した。

その後、西方からは政基に侘言をくりかえし、十月三十日には「惣庄古老の者」四、五人がやってきて、年貢はかならず皆納します、と地下＝村として「請乞」をしたので、約四〇日ぶりに人質は解放してやった。この年西方の村は、やむなく年貢を政基と守護に二重に納めたのである（七〇～七六・九六頁）。

F　翌二年八月二十一日、根来衆が「発向」し来襲するというので、村々は非常態勢をとったが、政基は自分が「質取」されるのをおそれて、庄の山奥にある犬鳴山に避難した。やがて九月一日、根来衆が近郷に「出張」して「地下人」を男女の区別なしに「生取」り、「代物」つまり身代金一〇〇貫文を要求してきた（一〇六・一一五頁）。

G　翌三年七月十二日、入山田四ヵ村の百姓六人が、佐野の市日に守護方の日根野氏に「召取」られた。そこで番頭百姓たちが「評議」し、その報復に、粉川市《こかわのいち》から帰る「佐野の古老の郷人」三人を待ち伏せて「質取」しようと追い懸けたものの、土丸村の衆がこれに強く反対したので、結局は無事に通してやった。

やがて、「囚人」となった小二郎と太千代から、入山田村の百姓中宛に連名の手紙がきて、もし「おとな衆」が「扱い」をしてくれなければ、「我々が命は助かるまじ」と救いを求め、こんどの一件は日根野東方がひそかに守護方と結託してやったことだから、もし自分たちが殺されたら、「相当」の報復をしてほしい、といってきた。入山田村ではすぐにも東方に「発向」しようと動き出したが、政基は、これは東方と入山田村を離間させようとする守護方の謀略にちがいない、といって思い留まらせた（一五三～一六一頁）。

H　十月十七日の未明、年貢を出さないからといって、守護方の衆が二、三十人も東方に押し寄せ、もと日根野の政所無辺光院にいた、戒躰院の住持の善興を「召籠」め引き立てていったが、自分はもう無辺光院には勤めていないと「申開」きして、二十日に帰されてきた（一六七～一六八頁）。

I　十月二十九日の早朝、守護方が日根野東方の村に「乱入」した。急を知った入山田の村々でも円満寺の鐘を鳴らして「四ケ村の軍兵」を動員し、百姓二人を「召取」って引き揚げる守護方を「追落」して、ぶじに取り戻した（一七〇頁）。

J　十一月十三日、守護方が大木村にある四ヵ村の総鎮守・滝宮（日走神社）の神主の子を、兄弟ともに「召取」った（一七一頁）。

K　十二月六日、政基は年貢を出さない辻鼻（日根野西方）の番頭・百姓三人を円満寺に「召籠」め、番衆五人をつけて監視させた。やがて十三日に「西方惣庄」の番頭三人が、年貢の納入を「請乞」うたので、「囚人等三人、縄ヲ放」してやると、十九日に番頭三人が辻鼻の年貢を払いにきた（一七二〜一七三頁）。

＊

こうして、この庄では三年間にあわせて一三件、とくに文亀元年には六件、同三年には五件もの「質取」事件が起きている。その質取りにも明らかに集中する季節があって、多くは収穫期を迎える秋のはじめから冬に、ほとんど毎月のように起きている。つまり、この庄の質取りは、村の生産物の行方＝年貢の取り立てをめぐる、荘園領主・守護・根来寺衆の対立と深く結びついており、自分の目的を力ずくで達成するための、いわば常套手段とされたのであった。

しかも、この庄の人質取りには、武家の守護細川方や、寺家でも武力をもつ根来寺衆が、村々に腕ずくで強行したものが多い。しかし、これを武家領主得意の暴力支配だというわけにはいかない。E・Kのように、公家の政基自身もまた、守護方について反抗する日根野西方から年貢を取り立てるために、「番頭の宿老」など有力な村人ばかりをねらって、強引な質取りをし、そのつど目的を達していたし、A・Gのように、この庄の村人たち自身も、しばしば相手方の村に、報復の質取りをしようとしている。

つまり武家も寺家・公家も村人も、ともに質取り行為をしていたのである。質取りというのは、この荘園の世界――おそらくは広く中世の社会で、ごくふつうに行なわれる紛争解決の一手段であったにちがいない。

質取りされた人々はふつう「人質」「囚人」などといわれ、質取り行為は「留置」「搦取」「質取」「生取」「召取」「召籠」などさまざまに呼ばれている。まさにその言葉通り、人質にされる村人は武力で無理やり生け捕られ、A・Kのように縄でしばりあげられ、警固をつけて召し籠められる囚人で、Gでは要求をいれなければ切り殺すぞと脅迫されている。

だが、逃げ出してつかまり殺されそうになった場合を除けば、人質があっさり殺されてしまった例は一つもみられない。このことは重要である。しかも、ただ身代金が目当てらしいFを除けば、男女の区別もなしに無差別に質取りされるわけではなく、またB・Hのように、人質の資格なしとして釈放された例もある。この野蛮な中世の質取りにも、どうやらそれなりの作法＝ルールがあったらしいのである。
（1）まず、Eの人質が村の神主もつとめる「惣庄の宿老」であったのをはじめ、D・KやH・Jのように、番頭や僧侶・神主など、村を代表する有力者層の質取りが目立つ。これは村が「地下請」つまり年貢取りまとめの主体となっていたからで、年貢取り立てをめぐる村相手の質取りである以上、むしろ当然ともいえよう。
（2）ところが一方、Aの人質には年齢十二、三歳の少年が含まれ、親子そろってうら盆を迎えたいと、領主には頼らず、村が身代金を払ってこっそり取り戻したりもしている。Gの太千代という人質も童名だし、Jでは神主の子どもが兄弟で人質に取られている。人質に取られるのは未成年者＝少年も多かったようである。
（3）また、Hの僧侶は政所の関係者だということで人質に取られたが、じつは無関係とわかると、すぐに釈放されている。Bではつかまった三人のうち、二人の三昧聖は「田の一反も作らず、ただ当道の職ばかりにて渡世」する、「敵御方の沙汰におよばない」存在だからという理由で、もう一人は村の番頭の「下人」で、こんなまったくの「小者」を質に取っても「御公事（もめごと）の落居」にはなるまい、という侘言がいれられて、いずれも無事に釈放されて帰ってきた。

これらの事例は、武家などによる質取りといっても、全く無差別に強行されたわけではなく、その背後には、目的に適った質取りの作法がひそんでいた、という事実をよくうかがわせてくれる。

なお、この当道の職の事例に注目した網野善彦氏は、葬送を主な職としたこの三昧聖こそ、「公界者でござる、なぜに打擲召された」とくってかかる狂言「居杭」の陰陽師とおなじ、「無縁」の「公界者」であったと述べている(4)。

こうした公界者とともに、人の下人もまた、おそらくは自分の土地をもたず、村共同体の正規の構成メンバーでもないという意味で、もともと「御公事の落居」つまり村の紛争の解決には全く無関係で、村や家の人質には値しない存在とみられていた、ということになる。なお、人質の欠格については、後段の「わびごとの作法」で、別の視点からあらためて検討しよう。

二　戦国の人質

ここに、「那波家中証人替《かえ》の事」というおなじ標題をもつ、天正十五年(一五八七）の北条家印判状がA・Bの二通ある。(5) ふつう中世で証人といえば、人質を意味するから、これは、戦国大名北条氏の命令で、服従の証しに上野厩橋（群馬県前橋市）城へ詰めている那波（伊勢崎）衆の、人質の交替を指示した文書ということになる。

ごく最近、これを詳しく検討した小和田哲男氏は、人質になるのは本人自身だけでなく、実子の男女から姉・弟・甥までさまざまだったと指摘した。(6)

もう一度その二通を見直してみよう。本文にはたとえば、

先番　馬見塚対馬守　実子、但男子
　　　井田　遠江守　姉
当番　山王堂兵庫頭　実子、但女子
　　　久々宇因幡守　おい

というように（抄出）、まず人質を出すべき人の姓名が書かれ、その下に実際に人質になる者の続柄と性別だけが詳しく記されている。Aでは、やっと人質から解放される「先番」の五人は、「自身」つまり那波衆本人が2、「実子、但男子」というのが2、「姉」が1という内訳で、こんど人質になる「当番」の五人は、「自身」1、「実

子、但女子」1、「おい」1、「女子」1、「弟」1という内訳である。Bでは、先番・当番七人のうち、「自身」は3、「男子」2、「女子」「姉」各1という内訳である。つまり、二通で延べ一七人の人質のうち、本人（自身）はわずか六人＝三五パーセントである。あとは女性（姉・女子）が五人＝二九パーセント、男性（男子・甥・弟）が六人＝三五パーセントという比率であるが、男性も「実子」「おい」などは未成年であった可能性が大きい。しかも、その続柄はどれも三親等以内に限られている。とすれば、人質はさまざまだったという以上に、戦国の人質にはしばしば身近の子どもや女性が充てられたという、中世に通ずる「人質の作法」の存在を、ここに読み取ることができるのではないか。

またここに、天正の初年、甲斐の戦国大名武田勝頼がおなじ上野で出した、二通の人質交替指令がある。その一通は、

人質として、この間、実子拾五歳の息女を召し置かれ候、替りとして拾三歳の男子梅千代、実子歴然たるにおいては、異儀なく請取らるべし（天正三年正月六日）、(7)

というものである。人質の交替は一五歳の少女から一三歳の男児へと、明らかに子ど

もばかりで、「実子歴然」であることがその要件とされた。日付けからみると、この交替は、人質に出ていた一五歳の娘がこの正月で成人を迎えたからであったか。もう一通には、

人質として女子を召し置かるるのところ、成人について帰郷の儀、ご訴訟に及び候、然れども……人質を補うべきの旨、申上げらるの条、ご領掌候、したがって、……人質女子の替りとして、聟の弟十一歳の男子を請取り、異儀なく女子を在所へ返さるべし（天正四年二月）[8]、

とある。ここでは、人質の少女が「成人」になったからといって、親がその帰郷を願い出ており、代わりに婿の弟の男児を出すことで、この「訴訟」は承認されているのである。ここでも、人質は子どもばかりで、しかも成人になれば帰ることができたのである。婿というのは、この成人を迎えた少女の嫁入り相手でもあったろうか。

次に、出羽仙北（秋田県横手地方）の人質名簿の例を挙げよう。天正十八年（一五九〇）、豊臣軍の奥羽仕置のとき、出羽を分担した上杉軍が仙北の地元から出させた、「渡し申す、証人の覚」というのがそれである[9]。そこには、

壱人　佐竹左京進　親　　　　年ハ六十五
壱人　滝沢村孫三郎　おい　　とし十四　名ハけさ

というように（抄出）、証人＝人質を差し出した者の名前と、人質となる者の続柄・年齢・名前が、合わせて四三人も書き上げられている。

差し出した者の中には、いかにも村の有力者らしく、れっきとした苗字と官途《かんと》や受領《ずりょう》名をもつ者も多いが、苗字のない孫三郎など二〇人には、それぞれ村名が肩書きされているから、人質は村々の服従の証しとして、村ごとにボスたちの家を名指して、課されたものらしい。四三人の人質のうち、まず男性は二五人で、その続柄別の内訳は、子21・孫1・甥1・親2で、「子」というのがもっとも多い。年齢別にみると、四歳1、九歳1、一〇歳1、一一歳2、一二歳9、一三歳4、一五歳2、一六歳1のほか、六五歳以上の老人が二人いる。

女性は一五人で、その続柄別の内訳は、母5（五九歳1、年齢不明4）・女3（妻カ、三五歳1、六〇歳2）・女子4（一二〜一五歳）・娘2（一四歳）・妹1（一三歳）である。ほかに不明2（一三歳1、不明1）、さいし1（妻子カ、年齢不明）がある。

すなわち、四三人のうちに女性（老女・児女）が一五人＝三五パーセントもいる。また二五人＝五八パーセントの男性も、六五歳以上の老人二人のほかは、四歳から一六歳までの幼児・児童ばかりで、十五、六歳の子も「名ハ禰々鶴」などいずれも未成年らしい童名である。つまり、人質全体の実に七二パーセントは児童（男女）が占め、成人も女性と老人ばかりで、成人男子は一人もいないのである。

また、文明十七年（一四八五）、山城国一揆前夜の南山城に出陣した畠山義就方の大和の古市氏は、国衆に「子息を筒井方に遣すべし」と人質を要求していた(10)。

天正期の九州でも、島津氏が勢力を拡大し北上を続けていたころ、竜造寺隆信は「人質として直孫」を遣したが、甲斐親直は「質人のこと、直子・直孫のあいだ、一円になるまじ」と抵抗する、というような「質人等の掛曳《かけひき》」が至るところでみられた。また合志親重は「親にて候宜頓、いづかたへも質人ニ」と申し出ていたし、田尻鑑種は「妻子等」を早くから竜造寺の「質人」に出していた(11)。

どうやら戦国の関東や東北の村でも、畿内や九州でも、個人が人質に子どもや女性・年寄を出すのはごく普通の習わしで、これらの人々が、村や地域の課題解決の習俗に、特異な役割を担っていたことはほぼ確実とみられよう。

しかも、どのばあいにも人質の「続柄」だけは共通の関心として特記されているから、現実にだれが人質になったかの詮索は別として、個人＝家の人質は、「自身」でなければ、原則として「実子」か、そうでなければ三親等以内ていどの、できるだけ近い血縁の親族であることが、必須の要件とされていたらしいのである。ここに「家」の身代わりの第一の属性がある。

三　家の身代わり

さて、身代わりの人質といえば、中世末の『邦訳日葡辞書』ゲシニンの項にみえる、「自分の代わりに誰かを罪人として出す」という、解死人の慣行が思い出される。同項には「ただし、通常は無罪として放免される」という貴重な証言もあって、注目されるのである。

すでに一四世紀の中頃の大和に、「下手人ニ男児被出《いださる》」とか「孫小児ヲ下手人ニ出了、仍和与之儀歟《か》」というような例もみえるから、解死人や人質に童などを立てる習俗の源は、おそらくかなり古いのである。(12)

たとえば、鎌倉時代の建治元年（一二七五）に書かれた、紀伊阿弖河庄の「上村百

姓等言上状」の四条目にみえる、

メコドモヲヲイコメ、ミ、ヲキリ、ハナヲソギ、カミヲキリテ、アマニナシテ、ナワ・ホダシヲウチテ、サエナマン、

という一節は、地頭が百姓の妻子に加えた過酷なリンチの告発としてよく知られている。いま、これを地頭の単なる暴行とはみず、逃散した百姓の罪はのこされた妻子が負わなければならない、という「中世社会の一般原則」の存在を読みとる新しい提案もあり[13]、この「メコドモ」には、まだゲシニンは殺されても当然とされた時代の、身代わりの面影を認めることができるかもしれない。

ただ、中世のゲシニンの歴史は、一四世紀頃を境に「殺される罪人」＝贖罪の供犠から「儀礼としての身代わり」＝供犠に転換した、というように図式化してよいかどうかは、まだ予断を許さない。たとえば、古くギリシア（アテネやイオニア地方）で、共同体に養われスケープゴートにされたファルマコスには、火あぶりの犠牲とされるのも、ときには形ばかりの儀礼であった様子が知られているから[14]、日本中世の解死人についても、贖罪と供犠とが古くから併存していなかったかどうかは、もう少し

追跡してみる必要があるだろう。

くだって戦国のはじめ、大永六年（一五二六）に、喧嘩両成敗の原則を示した「今川仮名目録」第八条が、もし本人が現場から逃走したら、その咎は「妻子」にかけると定めているのも、天文五年（一五三六）の伊達氏「塵芥集」一一四条に、盗人同然の行いをして逐電すれば、「かの妻子に咎を懸く」というのも、中世の妻や子が「本人の身代わり」とみなされていた、という事実をよくうかがわせている(15)。

ところで、中世の子どもといえば、戦国のおわりにルイス・フロイスの記した、「ヨーロッパの子供は青年になってもなお使者となることはできない。日本の子供は十歳でも、それをはたす判断と思慮において、五十歳にも見られる」という観察も興味深い。かれはそこに、ただ使者に立つ子どもというだけでなく、身代わりに立つ戦国の子どもたちの姿を見ていた可能性もある(16)。

「在所ノしせつ《使節》行、万ニ一ツ（あってはならないことだが、もしも）下し人《解死人》ニたち候人ハ」という、村の犠牲者への補償を決めた、同時代の近江の惣掟がよく示すように(17)、しばしば使者と解死人の運命は一つとみられていたからである。

中世の児童・女性・老人などの人々は、乞食などとともに、「一五歳以上・六〇歳以下」の成人男子＝村役の負担者（俗）とは峻別されて、中世の村では責任能力ある正規の成員とはされず、法律上の能力もなく、刑事責任も問われなかった[18]。いわば、役を担う者と人質となる者とは、はっきりと区別されていたのである。

しかし、その一方で注目されるのは、まさに村と「俗」から疎外された児童・女性・老人が、神に近い「聖」なる存在とみなされていた、という事実である。たとえば、絵巻の世界にみる神々が翁のほか童や女の姿でも示現していたといわれるのはそれである[19]。中世の人々の交わす誓約が数々の仏神に誓う「起請文」の形式をとったことを想起すれば、人質となる児童・女性・老人は、仏神に献げられた聖なる誓約の証しであった、とみることもできるであろう。

こうして絵巻に登場する童たちを「神の仮の姿」とみてもよいが、現実の戦国社会でかいまみた「解死人に立つ子ども」やフロイスのみた「使いに立つ子ども」の姿と重ね合わせて、童はしばしば「神の使い」とみられていたと想定してみるのも面白く、中世の子どもたちの地位に、あらためて深い興味をそそられる。

たとえば、譜代下人の子どもさえも「よく〳〵そだて指上げ申すべし」「十五に罷り成り候はば、きつと相渡すべし」「十六歳より不断に勤労すべし」などとされたように、原則として成人するまでは主人の身柄拘束を免れ、親の庇護のもとに置かれた、という事実も知られているからである[20]。

なお、童の年齢の上限は、山城国一揆の国人集会の成員が「上ハ六十歳、下ハ十五、六歳」とされたように、必ずしも一定せず、[21] 成人になる境目は一四～一七歳と、地域や共同体によって違いがあったらしい。

いずれにせよ、童をはじめとして女や老人がしばしば「身代わり」として犠牲（いけにえ）の儀礼に捧げられ、無事に帰されることも多かった。そうしたゲシニンたちの性格を、一括して「集団内部の弱者」と特徴づけてもよい。だが、そこには「共同体の外にある存在」あるいは「神に近い聖なる存在」という、儀礼にかかわる特別の意味がこめられていたことも、また確実であろう。ここに家の身代わりの第二の属性がある。

つまり、（1）家共同体の主人とごく近い血縁関係にあり、（2）しかもその共同体の正規の成員ではない存在、これが中世の家の身代わりに共通する要件であったにちがいない。

こうして中世の子どもたちが、人質や解死人の作法に深くかかわるのをみれば、かれらを「儀礼の束縛や約束事の外にあり、きわめて自由であった」とみる、大らかな子ども論の系譜にも、もう少し限定をつけなければならないことになろう。[22]

また、よく知られた戦国の少女たちをめぐる政略結婚や、江戸の参勤交代にみる妻子在京の制度[23]なども、もとは身代わりや人質の作法と一つであったに相違なく、これをたんに反乱防止策といわずに、「契約の証拠」「いけにえの儀礼」という二つの視点から、あらためて注目してみる必要があるだろう。人質と解死人に共通する、身代わり儀礼の源泉にこころひかれる。

四　村の身代わり

中世も終りの天正二十年（一五九二）初冬、奈良興福寺の僧英俊はその日記に、次のような記事を書き留めていた。[24]

摂州ノ百姓共、去夏水事喧嘩ノ衆八十三人、ハタ物ニ被上了《あげられ》ト、天下悉《ことごとく》ケンクワ御停止ノ処、曲事《くせごと》ノ故也ト云々、十三歳ノ童部《わらべ》、父ノ命ニ代テハタ物ニ上了ト、哀事、抑孝行ノ儀也、末世不相応々々々、

その夏に摂津の村々で起きた水争いの喧嘩が、「天下悉ケンクワ御停止」の法に触れて、八三人もの百姓と子どもまでが「ハタ物」＝はりつけにされた、という事件を

伝聞して、所感を添えたのである。

先に、豊臣喧嘩停止令の発動例の一つとして、この記事に注目したとき、わたくしは、英俊の関心はもっぱら末世らしからぬ親孝行談にあったようだ、とみた㉕。しかし、これは皮相に過ぎたようである。もし「十三歳ノ童部」が「父ノ命ニ代」わり、しかも処刑はされないというのが、中世後期には普通の習わしであったとすれば、それを無視して身代わりの児童までも「ハタ物」にしてしまった、この「末世」の法と権力に、かれは深い衝撃をうけていた、と解すべきかもしれないからである。

ところで、この摂津の水争いの事件は、身代わりの作法にかかわる、もう一つの断面をのぞかせていて注目される。多くはのちの所伝になるが、「加勢の村々」の処分は「一村に壱人宛はりつけ」と決まったとき、それらの村々では、公然と「庄屋代ニ乞食」を犠牲として差し出した、というのである。その一つ広田村では、月行司＝庄屋に代わって犠牲になった仁兵衛は「筋目なき者」であったが、犠牲に出る条件として、悴《せがれ》の甚五郎とその子孫に永く村の「行司持」（村役人）の家格を与えるよう要求し、「惣中」の証状を得ていた㉖。

また、慶長十二年（一六〇七）の丹波の村々の山争いのあとでも、「村中の難儀に代り相果」てようと、進んで相手方の村へ下手人に赴いた彦兵衛は、悴の黒丸のために「中川苗字を下され、伊勢講・日待参会にも相加り候様」と希い、それを容れられて死についた、という。かれもまた、苗字をもたず講や日待など、正規の村の成員の集りからも排除された、ごく下層の者であった(27)。

さかのぼって永正十二年(一五一五)、播磨鵤《いかるが》庄の平方村では「解死人ニハ、兵庫ト云者ニ、料足スコシトラセ」て仕立てたが、このゲシニンの兵庫も、その名前からみて、同じような存在であったかも知れない(28)。

ここに、おなじく身代わりといっても、子どもが「父ノ命ニ代」わるのと「村中の難儀に代」わって「庄屋代ニ乞食」が出るのと、二つの異なったパターンが観察されるわけである。この明らかな対照は、中世の村社会に、父＝家の身代わりには肉親の子ども、庄屋＝村の身代わりには乞食という、「家」と「村」とにそれぞれ対応した、二つの身代わりの方式が成立していた、という大切な事実を示唆しているのではないか。

中世の村の身代わりといえば、「物くさ太郎」の話が思い出される。詳しくは別に述べるが、この若い男は信濃のある村に、「たゞ、竹を四本立て、こもをかけ」て住み、もっぱら村人が「物をくれ」るのを当てにする、気ままな明け暮れであったが、この村に都から夫役がかけられてきたとき、村では「おとなしき人(長老)四、五人寄りあひ」て、この男のところへ行き、「御身を此三年が間養ひたる情に」と、村で扶養してやった事実をあげて説得に成功し、「百姓ども、みな〳〵大きに喜び、料足を集めて、京へ上せ」る。このよく知られた御伽草子の一話も、村のために犠牲となるような存在を、日常的に村として扶養していたという、中世の村の生きた現実の上に成立していた可能性が大きい(29)。

そうした「筋目なき者」や「乞食」など、村の犠牲となる人々に対して、中世の村はその子孫に苗字を許し、講への参加を認め、村政に参画する資格を与え、末代までの扶養を約束するなど、村における家格ないし村内身分の変更とも深くかかわる、さまざまな褒美や補償の措置を講じる慣行を、同時に成立させていたことは確実だからである(30)。

さらに、解死人が必ずしも加害者本人でなく、また村の責任を代表する解死人が、村の長老でなく乞食でもよかったとすれば、解死人という刑罰の形式に、もともと加害者本人や集団の責任者の制裁というよりは、むしろ犠牲を捧げてケガレをはらう、犠牲(いけにえ)の儀礼、という性格が強かったことになろう。このことは重要である。

村の儀礼と乞食といえば、中世から近世にかけて、村の祭りにさまざまな祭具を調え、神事の先払いをつとめ、あるいは芸能を奉仕するなどして、村から祝いの米銭や酒を得ていた、カワラモノ・チャセン・マイマイなどのことが思い出される[31]。じつに村々の年ごとの四季の神事や祭礼は、じかにこれら賤民たちの出仕に支えられて成り立っていたのである。

このような祭りの庭や犠牲の庭を媒介にしてみたとき、村と乞食とのあいだにシンボリックな関係が成立していたこと、同時にそこに差別の根源にかかわる秘密が潜んでいたことは、まず疑問の余地がないであろう。

つまり、(1)村共同体に扶養され、(2)しかも村の正規の成員から排除された存在、これが村の身代わりの要件であった。「乞食」はじつに「村」のシンボルとして、身代わりに捧げられたのである。村人の家＝私的な隷属の外にいて、村＝共同体にのみ帰属する存在＝デーミウルギー(村抱え)[32]に目を向けることの大切さに、あらためて心付かされる。

五　わびごとの作法

中世の村が何か争いごとで、在地の報復のルールに背いたとみなされたとき、村を代表して「わびごと」つまり謝罪や降伏の許しを乞いに赴く、その使者もまた解死人とみられ、その謝罪の手順にも、おのずから独特の作法が形づくられていた。以下、いくつかの例をあげよう。

惣村でよく知られた近江の菅浦庄の村人は、寛正二年（一四六二）に村のわかものが隣の大浦庄で盗みのかどで殺されると、その報復に押し寄せ、「百姓を四、五人生涯（殺害）させ、放火し、馬牛を焼ころし、なべ・かまをうちは」るという、「相当」＝復讐のルールを超える暴行を加えたことから、領主のもとで裁判沙汰となり、村での湯起請《ゆぎしょう》＝神裁に負けて近隣の村々からも孤立し、ついには、領主が近郷から動員した「成敗」の軍隊に村を囲まれて、降参する羽目になった。

このとき、菅浦では代表として、「げし人には道清入道・正順入道」という、二人の古老百姓を立てた。二人はまず村で「煙をあげ」る作法を行なったのち、「命を捨」てる覚悟で、「中人《ちゆうにん》」に依頼した近隣の塩津の「しほつどの」と同道して、領主松平氏の前に出て「かうさん（降参）をいたし」、「地下に無為無事」をもたらした(33)。

ところが、喧嘩相手の大浦側は、このあいまいな結末を不満とし、領主が菅浦から不正に「過分の一献《いっこん》」つまり多額の賄賂をとって菅浦の成敗を中止し、大浦の「面目」をつぶした、と非難した(34)。

これに対して領主側は、菅浦の古老百姓たち数人が「責口」に出頭し、「中人」を立てて「頸をのべ降参」し、「地下あやまりの段、ひらにたすけを」と謝罪したので、「弓箭《ゆみや》の儀理《ぎり》」でもあり、ともに「領知《りょうち》の百姓」のことでもあるので、降参を認めて兵を引いた。この措置に「ひいき」「親疎」は一切なく、「近隣の郷庄までも、そのかくれ」ない公正なものだ、と反論した。(35)

以上を総合すると、このとき村のとった降参の手順は、(1)近隣の第三者を仲人に立てて、(2)有力な古老百姓たちが自ら使者となり、(3)村で「煙をあげ」、(4)相手の大将の前に出て「頸をのべ」、(5)「過分の一献」も捧げる、というものであったようで、その使者は村のために「命を捨」てる「げしにん」とみなされていた。

なお、「頸をのべ降参」するというのは、たんなる謝罪のしぐさのようにもみえるが、村の「古老」の清九郎検校がこのときはじめて「道清入道」という「戒名」で現われることからみると、かれは解死人に出頭するために、頭を剃り法体となり名前も「入道」名に変える、という脱俗の儀礼を踏んで、「頸をのべ」た可能性が大きい。(36)

たとえば、明応元年（一四九二）八月、山城の山科家領の大宅里《おおやけ》＝東庄の三郎兵衛ら「おとな」たち三人は、年貢について「侘事《わびごと》」をしようと、「請文《うけぶみ》・きしやうもん」を用意し、「入道ニて」京の領主のもとへのぼって行った。(37)「侘言」と「入道」という所作とのあいだに、深い関連のあることがうかがわれよう。

永正十二年（一五一五）播磨鵤庄の平方村で、この庄の衆が不慮の喧嘩から守護方の衆一人を殺すという事件となったときにも、円満な解決をねがうこの庄では、「解死人ヲヒカセ、在処ニ煙ヲ立、……礼ニ出」るという、一連の手順を踏んで詫びをいれた。[38] たんに解死人一人を出せば済んだわけではない。

「在処ニ煙ヲ立」てたというのは、菅浦で「煙をあげ」たのと同じ作法であろう。この庄では「少家一ツ、二百文ニカウテ、ヤク」と書き留めているから、「在処」つまり事件現場の村で「家」を「焼く」のが謝罪の儀礼であったらしく、そのためにわざわざ小さな家一軒を買い求めているのである。「礼ニ出」たのはこの庄で図師代の役をつとめる有力名主の一人であったが、「解死人ニハ、兵庫ト云者ニ、料足スコシトラセテ」遣したというから、別に解死人（名前からみて、あるいは村の乞食か）も、金で雇っていたわけである。

また天文十五年（一五四六）おなじ播磨で、那波と坂越の境相論が守護の裁判にももちこまれたとき、出頭を拒んで「悪口」の咎にも問われた坂越方は、「成敗」を免れるために、まず人を「頼申」し、長老たちが出頭して「坂越のうちの家をやき」ますと「種々なげき申」し、現地に出張してきた守護の目の前で、「我とわが家を三間（軒）やき、わび事」して、赦されたのであった。[39]「煙をあげ」るといっても、村の責任者たちが自分自身の家を焼くのが、謝罪の儀礼のほんらいの形であったらしい。
さらに、戦国も終りに近い永禄年中（一五六〇年代）の近江甲賀郡で、石部三郷と檜物下庄の水争いから、弓矢・討死という大事件になったとき、檜物下庄側にルール違反が問われたらしく、これを収拾するため近郷が中に立って、次のような裁定が行なわれた。
檜物下庄の名主については、その家の「二階門」か「内門」を壊して火を放ち、「本人名主中、家次《いえなみ》一人宛」が「墨衣・入道にて」、石部三郷の名主中に「河田宮鳥居之前」で「礼儀」をとること、百姓たちについては「年老《としより》次第」つまり当主の年齢（䕌次カ）順に三〇軒を選び、その家に火を放つこと、というのである。[40]
これを先の近江菅浦などの例と比べると、（1）近郷の第三者が調停するのも、（2）名主＝古老百姓自身が出頭するのも、（3）「放火」＝「煙をあげ」るのも、（4）「墨衣・入道」＝「頸をのべ」「入道」というのも、手順はほとんど共通で、じつによく似ている。中世の後期を通じて、村々のレヴェルで「近隣の郷庄までも、そのかくれあるべからず」という、謝罪や降伏の作法が広く形成されていたことは、まず確実とみてよいであろう。[41]

「礼儀」に出頭する名主の全員が、まず名主の家格のシンボルであった家門を焼き、ついで本人自身も人格のシンボルである髪を剃り（おそらく名前も変え）、「墨衣・入道」の法体になって、村の神社に赴き鳥居の前で、相手方の名主たちに謝罪の礼をとるというからには、この作法にも、刑罰や処分というよりは、むしろケガレをはらう儀礼の色が濃厚である(42)。

また百姓の家を「年老次第」に三〇軒選んで放火するという処分も、おそらくは「家」を基準として、年齢階梯の形で編成された「村」の、百姓たちの正規の成員たる資格＝家格のシンボルであったからに違いない。その意味で、この「村のわびごと」の作法は、解死人の儀礼とも深いつながりをもっていたといえよう。

わびごとの使者も「解死人」とみなされはしたが、村の命運をかけた降参や謝罪＝わびごとには、文字通り村に責任ある代表が自ら出向くのが「礼儀」とされたのであろう。つまり、（1）村共同体に責任ある正規の成員（長老たち）自身がゲシニンとなること、（2）出向くに当たっては、世俗と成員から離脱する「入道」の手続きを踏むこと。これが村のわびごとの作法であった。（1）も（2）も、その基本的な性格は、身代わりの作法（1）（2）と共通のものと認められる。

さきに「荘園の人質」の節で、質取りされた三人が、いずれも「田の一反も作らず、ただ当道の職ばかりにて渡世」する「三昧聖」や番頭の「下人」であるとわかって、「御公事の落居」つまり村の紛争の解決にならぬ、と帰されたというのは、この作法の（1）の条件を備えていなかったからに違いないのである。まだ断定はできないが、同じ村の身代わりといっても、贖罪には長老、供犠には乞食と区別された、ということになろうか。

なお、報復闘争の終結を告げる儀式に、「髪を剃る」行為が伴う、というヌアーランドの習俗は、わびごとの作法の非仏教的な広がりについても示唆的である。(43) また、暴力の反復を断ち切るために、中世村落がどのような習俗を備えていたか、という主題に関しては、（1）共同体の外にあり、（2）しかも共同体の一部をなしていた存在という、贖罪のいけにえの両属性・外縁性に注目した、ルネ・ジラールの『暴力と聖なるもの』など一連の著作に、豊かな示唆がある。(44)

六　降参の作法

このような「わびごと」の儀礼は、「弓箭の儀理」ともいわれた通り、もともと村だけの慣習ではなかった。さいごに、戦国末の武士の世界にも少しだけ目を移してみよう。

たとえば、天正十三年（一五八五）に秀吉に攻められた越中の佐々成政は、「かしらを剃《そり》、御先手へ走入」って助命され、「妻子召連」れて大坂に置いた。天正十五年の九州征伐で、薩摩の島津義久も「一命を捨て、走入る間、御赦免」といわれたように、まず寺に入って髪を剃り入道して、名も竜伯と法名に改めてから、秀吉の陣太平寺に「走入」って降伏し、娘を人質に差し出した[45]。

同じ年、筑前の秋月氏が秀吉に降伏したときには、「秋月父子かみをそり、先手の陣取毛利壱岐守所へ走入、御歎申に付て、いのちを御たすけなされ候」と報じられた[46]。ルイス・フロイスも、秋月は秀吉の家来に多額の金を払って執り成しを頼み、当主の種実自身が、頭を剃り入道して坊主のような姿になり、屯営の秀吉の足下にひれ伏して助命を乞い、数々の高価な贈物と娘を差し出した、と伝えている[47]。

こうして、剃髪・法名・墨衣・中人・走入・侘言・贈物・人質という、戦国の武士の世界にみられる一連の走入・侘言＝降参の手順も、村レヴェルのそれとじつによく似ている[48]。二つの世界のわびごとの作法の根はもともと一つであった、と断定してもよいであろう。またそれは、先にみた人質の作法とも深く結びついていた。降参の儀礼は「弓箭の儀理」ともいわれて、身代わりの作法とともに、中世後期の社会にほとんど習俗といえるほどに広く行きわたっていたのである。

なお、「走入」という言葉は、ここでは降参の行為そのものを表わす語として用いられているが、むしろ「走入」といえば、これもまた広く中世にみられた、寺院への走入（寺入り）のことが思い出される。寺に入り入道して「走入」った島津義久や、「墨衣入道」で「わびごと」の礼儀をとった近江の村の名主たちの例も示唆しているように、降参・わびごとの作法は、その底で駆け込み寺＝アジールの習俗や作法とも深くつながっていたに違いない。

注

（1）小著『豊臣平和令と戦国社会』第二章参照。村のセーフティネットである。

（2）勝俣鎮夫『戦国法成立史論』二四九〜二五〇頁、同「げしにん」・「ひとじち」『平凡社大百科事典』。

（3）図書寮叢刊『政基公旅引付』以下、頁数だけを注記する。

（4）『無縁・公界・楽』七「公界所と公界者」。

（5）ともに北条氏照宛、Aは二月廿六日付け宇津木文書、Bは十月十日付け桜井市作氏所蔵色部文書、『群馬県史』資料編・中世三四六四・三四九三号。

（6）「上州厩橋城の人質交替状」『戦国史研究』一〇。

（7）出羽守宛、『新編会津風土記』所収浦野文書、『群馬県史』資料編・中世二八一〇号。

（8）小宮山丹後守宛、細川良爾氏所蔵松本文書、『群馬県史』資料編・中世二八三八号。

（9）「古案記録草案」、『新潟県史』資料編・中世二〇五六号。
（10）『大乗院寺社雑事記』文明十七年十月十四日条。
（11）大日本古記録『上井覚兼日記』上巻一六二頁、中巻一一四・一二二頁。
（12）たとえば『嘉元記』観応二年九月十二日条・延文二年十二月六日条など、「東金堂細々要記」康永三年三月十九日条、『続史籍集覧』一、小野崇氏のご教示による。
（13）勝俣鎮夫「ミ、ヲキリ、ハナヲソグ」『中世の罪と罰』。
（14）H・J・ローズ「ファルマコス」PHARMAKOS……burned in pretence or reality,『オックスフォード古典学辞典』、高橋秀氏のご教示による。贖罪（罪滅ぼし）の供犠については、M・モース／H・ユベール『供犠』序、参照。
（15）日本思想大系『中世政治社会思想』上、一九五頁頭注。勝俣氏の指摘。
（16）『日欧文化比較』岩波書店。
（17）文禄三年二月「申さだむる条々」、「岩倉共有文書」『中世政治社会思想』下、二一七頁。
（18）中世社会を通じて、一五歳未満の子どもには刑事責任なし、とされていた。『中世政治社会思想』上、四五三頁、勝俣氏「今川仮名目録」補注「十五以後の輩」、なお、横井清「中世民衆史における『十五歳』の意味について」『中世民衆の生活文化』参照。
（19）黒田日出男「『童』と『翁』」『歴史地理教育』三六〇。同「熊野那智曼荼羅を読む」『思想』七四〇、網野善彦『異形の王権』三九頁以下、参照。
（20）峯岸賢太郎「近世前期の門屋・名字について」『都立大学人文学報』一八五。
（21）『大乗院寺社雑事記』文明十七年十二月十一日条。
（22）宮本常一『絵巻物に見る日本庶民生活誌』中公新書。
（23）豊臣期の妻子在京制は「諸国大名衆、ことごとく以て聚楽へ女中衆を同道せしめ、今より在京すべきの由、仰せ付けらる」とある（天正十七年九月一日『多聞院日記』四）。
(24)『多聞院日記』同年十月二十三日条。
(25)『豊臣平和令と戦国社会』七八頁。
(26)『西宮市史』四、『豊臣平和令と戦国社会』一二八頁参照。
(27) 人見惣一氏所蔵文書、右著一三一頁参照。
(28)「鵤庄引付」同年五月二十七日条。なお、詳しくは後述。八四頁参照。
(29)「村の扶養者」『戦国史研究』一〇。本書九三頁以下に収録。
(30) 詳しくは『豊臣平和令と戦国社会』一二六〜一三七頁参照。
(31) 黒田弘子「戦国〜近世初期の賤民と祭礼」『歴史評論』四二六に詳しい。なお、小稿「一在地領主の勧農と民俗」『新潟史学』九、本書二四七頁以下参照。
(32) デーミウルギー・デーミウールゴスについては、本書九八頁、およびM・ウエーバー／渡辺・弓削訳『古代社会経済史——古代農業事情』・同／世良訳『都市の類型学』の訳注、参照。
(33)「菅浦文書」三三三号。
(34)「菅浦文書」六三三号。
(35)「菅浦文書」三一八号。
(36) 鳴瀬奈美子「中世村落間の紛争」立教大学卒業論文、未発表。
(37)『山科家礼記』五、三〇〇頁。
(38)「鵤庄引付」同年五月二十七日条。
(39) 那波鉄治氏所蔵文書。
(40)「山中文書」五・前掲小著一二四頁以下参照。
(41) 侘言の作法には、「頸を延べ下手人に参る」（応永六年「高野山文書」四—四）とか、村同士のもめご

料編中世3）などの例がある。

史料編中世3）とか、村の水争いで樋山村の庄屋新左衛門は、籠舎・いましめの後「町人より御侘言申し、御免にて、則かたちを御かへ、名ろうはくと申候」（天正十一年か、岩見井組文書四『兵庫県史』史料編中世3）などの例がある。

(42) 勝俣鎮夫「家を焼く」『中世の罪と罰』参照。

(43) ナイル河上流地域の例、エヴァンズ＝プリチャード『ヌアー族の宗教』三六五頁参照。

(44) たとえば『暴力と聖なるもの』（法政大学出版局）四三四〜四四〇頁。

(45) 豊臣秀吉朱印状『相良家文書』。

(46) 木下半助書状『豊公遺文』一二七頁。

(47) 中央公論社版『フロイス　日本史』1。

(48) 降参の作法は東北地方でも共通していた。天正十九年九月、豊臣軍に包囲された北奥の九戸一揆の最期は、軍監浅野長吉の証言によれば、「九戸（政実）髪をそり走入申すに付て、即ち中納言様（豊臣秀次）へ九戸・同妻子共召連れ、返進上申し候、……櫛引（清長）と申す者も走入申し候、是も妻子共、中納言様へ進上」というものであった（『浅野家文書』六一号）。

第三章　村の扶養者

先にわたくしは、中世の村落間相論など村の「自力」の遂行に避けがたく伴う、村のための犠牲の仕組みに注目して、次のような事例を発掘した。

物質・身体から生命にわたる、村のための個人の犠牲には、万雑公事《まんぞうくじ》の免除（村による肩代わり）や褒美など、村としての補償策が講じられる慣行のあったこと、「解死人」など村のための犠牲者には、村人つまり村の惣・宮座・講などの正規の構成員のほかに、しばしば「筋目なき者」や「乞食」が選ばれたこと、もともと公事負担の資格もないこれら下層身分の犠牲者への補償策には、苗字の免許・講への加入など、家格ないし村内身分の変更にかかわる措置もみられたこと、などがそれである。

このような「村の犠牲」と補償の仕組みについての本格的な追究は、わかものを中心とした「村の武力」の遂行の態勢の追究などとともに、「村の自力」論の新たな課題である。そのための一つの手がかりとして、ここでは『御伽草子』の「物くさ太郎」の描写について検討してみよう[1]。一話の主題が村＝「ものくさ」から都＝「まめ」への展開にあることはよく知られるが、いま注目してみたいのは、その冒頭にある次のような村の場面である。

＊

（1）信濃国あたらしの郷に住むこの「不思議の男」は、人にすぐれた家づくりをもちながら、現実には雨の日にも日照りにも「たゞ、竹を四本立て、こもをかけ」て居るだけで、その身も「足・手のあかがり、のみ・しらみ、ひぢの苔にいたるまで、足らはずという事」なく、「もとでなければ商ひせず、物をつくらねば食物なし。四、五日のうちにも起き上らず、臥せり居」るのが日常である。食べる物はといえば「人の物をくれ候時は、何をも」食べ、「いつまでも人の物を得させせんまでは」と、もっぱら村人の扶養を当てにする、気ままな明け暮れである。

（2）たまたま通りかかった所の地頭の「地をつくりて過ぎよ」「商をして過ぎよ」という、俗物ならば飛びつきそうな勧めにも、いささかも動かされはしない。結局は、「此物くさ太郎に、毎日、三合飯を二度食はせ、酒を一度飲ますべし、さなからん者は、わが領にはかなふべからず」という、地頭の気まぐれな「触れ」によって、村人はこの男を「三年ぞ養ひ」続けることになる。

（3）こうして三年を経た春の末に、都の国司からこの郷に、京で働く「長夫《ながぶ》」を出せという、夫役が課されてくる。村ではこの嫌われる夫役をだれに充てるかに困り果て、「百姓ども寄りあひて、誰がもとより誰を上《のぼ》せんぞ、はるかに絶えてならはぬこと、いかゞせん」と歎く。そのうち、ある村人が「いざ、此物くさ太郎を、したてゝ上せん」と提案し、相談の結果、「いざ、寄りあひて、すかしてみん」ということになる。

そこで、「おとなしき人四、五人寄りあひて、かれがもとに行」き、「われらが大事の御公事にあたりて候を、助けてたべ」と頼みこみ、「御身を此三年が間養ひたる情に、上り給へ」とすかし、「男は妻を具して心つく、……または街道なんどを通ることさら心つく」とか、「都の人は情ありて、いかなる人をもきらはず」などと、さまざま「教訓」の末に、ようやく口説きおとす。こうして「百姓ども、みな〳〵大きに喜び、料足を集めて、（太郎を）京都へ上せ」、ここで場面は村から都へと転換する。

＊

さて、もとは貴種の出という結びへの伏線として、冒頭に人にすぐれた家づくりが語られはする。しかし、眼前の物くさ太郎その人の描写は、絵巻類にみる乞食の姿そのままである。(2) つまり、それは乞食を描く中世の類型的な手法であり、勧められても農業にも商業にもかかわろうとはしない、と重ねて強調されるのも、おそらくそれが中世乞食の属性であったからに相違ない。

だから、「情ある人」に養われ、たまさかに人の「物を得させん」ことに期待するのが日常である。扶養は気まぐれな領主の命令とあるが、地元の郷が村としてかれを養う「村の扶養者」という性格は、むしろ本来のものであり、領主の命令に始まるものではないであろう。

村の夫役を転嫁しようとして、惣百姓も長老衆も、もっぱら「御身を此三年が間養ひたる情に」と、扶養の恩顧を決め手に男を説得しようとする。しかし、この男の心を動かしたのは、じつは村人が苦しまぎれに語った、開かれた街道や町場の魅力であった。これが前段の農村＝ものぐさ（扶養者）から、後段の都市＝まめ（心つく人）への、変身の焦点である。

もともと中世の村は、「御身を此三年が間養ひたる情に」という言葉一つで、村のために犠牲となるような存在を、それも正規の村落構成員の家（私的隷属）の外側に、日常的に村として扶養しておく態勢をとっていた。乞食はしばしばそのような役割を担う、その意味でも村にとっては不可欠の存在であった。この「物くさ太郎」は、こうした中世の村の現実のありようを背景として成立していたにちがいない。

もし、そうみることができるならば、この一話は、中世の村の扶養者や犠牲者の実像に接近する、一つの手がかりとなるのではあるまいか。社会のかす・悪党とされながら、人身御供＝スケープゴートとして共同体に養われたという、ギリシアのファルマコスのことが想起される。(3)

注

（1）『日本古典文学大系』。
（2）窪田涼子「『一遍聖絵』に見る乞食の諸相」『物質文化』四三。
（3）世界文学大系2『ギリシア・ローマ古典劇集』「蛙」注13、高橋秀氏のご教示による。フレイザー『金枝篇』五八章、参照。

付記

（1）物くさ太郎を乞食とみることについては、その後、黒田日出男『姿としぐさの中世史』（一三八～一四六頁）が詳しく論じている。
（2）中世の乞食に「村の扶養者」という性格をみるとき、心ひかれるのは近世の乞食について知られる「村抱え」「町抱え」のことである。たとえば内田九州男「近世非人論」（『部落史の研究　前近代篇』）によれば、近世の非人＝乞食には「何らの生産手段も所有せず、また同時に生産物の配分にもあずからない、一切の所有から排除され、諸人の喜捨によって生活する存在」という特徴があったというが、それは右の「物くさ太郎」の描写とじつによく似ている。
　また、「村抱え」というのは、一村あるいは数ヵ村の組合村で番非人などの奉仕に飯米等を支給することをいい、大坂の町では、各町ごとの「定抱《じょうかかえ》」がよく知られる、という。それは町の非人が町抱えとして、町の番のほか、節気候《せきぞろ》・大黒舞・鳥追、婚礼や葬式の付添・門番・掃除など、さまざまな町人の吉凶の祝儀に「奉仕」し、町からは町人が家役として負担する月々の飯米をはじめ、奉加もの銭・番賃・吉凶祝儀銭の「布施」をうけるというもので、髪結・座頭・猿曳仲間なども町抱えとされ、同じような奉仕と扶持の関係にあった、という。

こうした内容を包みこむ、近世の「村抱え」「町抱え」という言葉は、個々の家への私的な隷属を超え、布施・祝儀などの関係を媒介にして、広く村・村々・町などの共同体、いわば在地の公ないし公界にのみ帰属するという特徴をもつとみられる、中世の「村の扶養者」あるいは無縁者や公界者の実像を追究していくうえでも、大切なキイワードとなるであろう。

たとえば、近江菅浦で村役の基礎となる「棟別」役を、「本家」を基準として四段階に体系化したとき、村の役を務める「政所・てうふ（定夫カ）」とともに、「堂聖《どうひじり》・鉢ひらき」が賦課の対象から「除」かれているのも、おそらくこれらの乞食の僧たちが、「村抱え」され村に奉仕する存在であったからにちがいない（「菅浦文書」一四六号、なお本書二一三・二七〇頁参照）。

なお、村抱え＝デーミウルギーの範疇については大塚久雄『共同体の基礎理論』、その原型については村川堅太郎「デーミウールゴス」（『村川堅太郎古代史論集Ⅰ』）参照。後者に高橋秀氏・高野啓子氏のご教示をえた。

第四章　村の牢人

福岡市中央区唐人町の八兵衛地蔵の夏祭りには、こんな由来がつたえられている。中世も末頃のある年の瀬、火事場の喧嘩から、町の火消しがよその町の者を殺してしまった。すると相手方は、すぐに報復を企てた。町の奉行はこの動きを抑えるため、唐人町に下手人を出せと求めた。

そのとき、自ら進んで名乗り出て、困り果てる町衆の身代わりに立ち、犠牲になった男がいた。それが、この町に身を寄せて、ひっそり暮らしを立てていた、肥後浪人の森八兵衛であった。後に町では、寺の片隅に石の地蔵を建てて、永く八兵衛の霊をとむらった、という[1]。

また、慶長四年（一五九九）の正月のことであった、という。

博多の松囃子《まつばやし》のさなか、箱崎松原で地元の町衆が、大名小早川氏の家来を、口論の末に切り殺してしまった。「喧嘩の相手」（下手人）を出せと求められて困惑した博多町衆（「博多津中」）が、相談の末にやむなく「解死人《げしにん》」（身代わりの下手人）を出そう、と「評議一決」した。ところが、これを聞いた「津中の情によりて露命をつなぐ」一人の浪人者が、博多津の人々への恩返しにと、進んで犠牲の身代わりに立ち、老母の扶養を町に託して、代わりに処刑された、という。

また「一説」には、次のようにいう。この浪人には七人もの子どもがあった。町ではこの遺児たちのために、「浜に仮屋《かりや》をしつらひて、津中より育て」てやった。これが浜辺の乞食小屋のもとになった、と。(2)

福岡で近代史・部落史を研究する石瀧豊美氏は、さきにこの小著『戦国の作法』の「身代わりの作法」に寄せて、これらの町の犠牲となった浪人たちを、中世の解死人(身代わりの犠牲者)の習俗の残照として紹介し、共同体と差別とのあいだにひそむ奥深い秘密がここにある、と鋭く示唆した。(3)

どの話も、浪人は進んで犠牲になったのだ、という。明らかに町や村本位のこの筋書きに、虚構はないのであろうか。たとえば、次のような反証がある。

その一は、同じ博多の話である。

江戸時代初めの寛永年中(一六二四〜四四)の頃まで、博多の浜の仮屋に暮らす浪人たちは、博多の町衆から、町内ごとに月ごとに米何升かを与えられることになっていて、それを「えぶり」(穀物などをかき集める農具)で集めて歩く習わしになっていた、という。

　この習俗について一書にいう。(4) 博多の町が浪人たちを町として養うのは、「博多の商人の他国に出て、下手人となりし時に、身代《みがわり》にすべきため」であった、と。石瀧氏が指摘した通り、博多の浜辺の浪人たちは、町衆が計画的に養っていた贖罪《スケープ》のヤギ《ゴート》であった。

　イザというとき、浪人たちが身代わりとなるのは、世話になった町の共同体に報いる、自発的な献身どころか、町のふだんの扶養と引き換えの、逃れられぬ運命であった、といわなければなるまい。

　その二は、やはり江戸時代初めの、越前（福井県）の村の例である。

寛永五年（一六二八）三月、南条郡の大比田《おおひた》村（福井県敦賀市）は、近くの大谷村と激しい山境いの争いを起していた。この村では、村人を一人も残さず、老人も子どもも根こそぎに、三〇〇人ほども動員して、熊手や棒で武装し、「いつきじたて」（一揆仕立て）で、大谷村の山へ押しかけ、村を率いる庄屋（刀禰《とね》）は、刀・脇指をさし、手に扇をもって、山の上から指揮をとり、山仕事をする大谷村の人々に大挙して襲いかかった。

　これを阻み、山のナワバリを守ろうとした大谷村側では、一人を打ち殺され、三人が「かたいき」（瀕死の重傷）となり、ほかに手負（負傷）の者も数多、という大騒動となった。

奉行から殺人などの罪を問われた大比田村では、村に住む七〇歳になる孫六という男を、「大谷のかたき」つまり身代わりの下手人に仕立てて、敦賀の牢に送ったが、間もなく処刑されてしまった。

ところが、その年老いた孫六の息子が、村の措置を不当とし、敦賀に住む叔父（孫六の弟）とともに、自分の住む大比田村の庄屋を「親のかたき」として、奉行所にこういって訴え出た。

我々親は、少しもとがなき者に候へども、牢人にて、親類もなき者にて候について、……無理に敦賀の牢に入れ置き、りふじんに成敗……

（「向山治郎右衛門家文書」）

大比田村の庄屋は、年老いた父の孫六が村に身寄りもない浪人者であったのをいいことに、無理やり身代わりの下手人に仕立てて、村の犠牲にしてしまった、というのである。

孫六の息子はこのとき、尾張（愛知県）に従兄弟がいると申し立てているから、もとは尾張浪人であったらしい。ここでも村の身代わりは浪人者であったが、その息子は、村の理不尽さを、泣寝入りせずに告発したのであった。

だが、この七月の訴えについで息子は、その十一月、今度は隣の大谷村の庄屋をも「かたき」に名指しして、重ねて訴え出た。どの訴状にも、応援する村人の連名は見られず、浪人の子は、自分の村を相手に孤独な闘いを強いられていたらしい。

このときの訴訟のやりとりの中で、相手の大谷村は、これは噂だがとことわりながら、こう暴露していた。この山争いで実力行使を決行するのに先立って、大比田村側では、「たとえ相手の一人、二人出し候ても……末代まで大比田村のよきこと」と、村の衆があらかじめ談合していたのだ、と。

ここにいう「相手」とは、「大谷浦死人のあいては大比田浦庄屋」だとか、「喧嘩の相手」という用語からみると、「大谷のかたき」というのと同じで、下手人のことらしい。だとすると、大比田村が事前に談合していたのは、たとえ身代わりの犠牲の一人や二人出してでも、山のナワバリを武力で勝ち取るのが村のためだ、という内容だったことになる。「牢人にて、親類もなき者」を犠牲にしたのは、紛れもなく村の共同謀議の結果であり、あらかじめ巧妙に仕組まれていた犠牲であったらしい。

じつは、浪人の息子が訴訟を起すよりもずっと前、山争いの騒動が終わったばかりの四月、大比田村は「惣中」一一人が連署して、古川孫六あてに、「後代のための書付だ」といって、一通の証文を書き与えていた。(5) その時期からみて、どうやら孫六を身代わりに仕立てて、敦賀の牢に送る直前のことであったらしい。

村の証文は、その前段で、孫六を解死人として成敗（下手人として処刑）する、と決定したのは公方（領主）で、村では「その方のがれ候ように、（領主に）様ざまおことわり」したがだめだった、「不運だ」と諦めてくれ、といっていた。

ついで後段では、村の犠牲になってもらう代わりに、村の夫役は「その方子孫まで末代の間」、また年貢塩は今年から一〇年にわたって、ともに村が肩代わりするから、「心安く」思って欲しい、と書いていた。犠牲者になった老いた孫六は、ただの流れ者の乞食浪人ではなく、村に土着して夫役も塩年貢も負担する百姓になっていたらしい。

村の犠牲者に対して、村としては、精一杯の補償をしようというのであろう。だが、村惣中はひたすら醜い弁解に終始している。それればかりか、初め補償の約束に「子孫まで末代」にわたってと明記されていたのに、いつの間にか「末代」の文字が「三人」（三代の意味か）と改竄《かいざん》されているのが目をひく。孫六の息子は、こんな証文など問題にせず、父を身代わりにした村の不条理を告発しながら、最後は村に押し切られてしまったようである。

中世から近世にかけて、解死人（身代わり）の習俗に伴う、村や町の犠牲者に、しばしば身寄りのない浪人が、村抱えの乞食と同じように扶養されていた事実も、身代わりに立つのが、浪人や乞食が自発的に行なった報恩の行為などでありえなかったことも、しっかり史実として認めなければならないであろう。〈自力の村〉において、解死人の習俗とこうした〈村の扶養者〉の運命とは、明らかに一つに結びついていたのであった。

差別の深い根を共同体の内に探ろうとか、非人の問題を抱える側の共同体の特質との関連でもとらえようという、新たな差別史の視点の深まりに[6]、あらためて深い関心を寄せなければならないだろう。

注

（1）『筑前国続風土記拾遺』ほか、現地踏査もともに、石瀧豊美氏のご教示による。
（2）明和二年『石城志』巻之六、石瀧氏のご教示による。
（3）「『身代わりの作法』と共同体」『毎日新聞』西部版、一九八七年七月十七日夕刊。
（4）『済民草書』寛政七年。石瀧氏のご教示による。

（5）寛永五年四月十八日、大比田村惣中十一名連署証状、古川巌家文書『福井県史』資料編8。
（6）石瀧前掲注3、塚本明「町抱えと都市支配」『日本史研究』三三一、一九八九年。

II　村の武力と自検断

第五章　村の若衆と老若

はじめに

中世後期の日本の惣村は、日常的に自前の武力をもち、若衆を中核とする自立した自検断・武装の態勢をとっていた。[1] まことに村の武力と若衆とは、中世の村の自立を象徴する、といってもよい。いま、中世の村を訪ねようとして、とくに「若衆」に焦点をしぼろうとするねらいはここにある。

また、「郡中惣」と呼ばれた中世後期の在地領主たちの「一揆」も、「老若」という重層する年齢階層の組織をもっていたことが、勝俣鎮夫氏によって明らかにされ、[2] よく知られた「老」つまり「おとな」層の存在とならんで、「若衆」の地位が、この点からも注目されるようになった。

たとえば石母田正氏は、この「一揆」のもつ「老若」という仕組み、つまり在地領主層のまさしく階級的な連帯と、老者―中老―若衆という共同体的な秩序の結びつきに注目して、こう論じた。「老若」という「いわゆる年齢階層《エイジグレード》自体は、本来階級社会以前の、または未開社会の身分的分化様式であり、性別とならぶ自然生的分業の秩序」であるから、こうした在地領主層の一揆の特質は、階級原理と共同体的または未開社会的原理との結合に求められよう、と(3)。

ついで、この石母田説をうけた網野善彦氏は、一揆の「老若」組織を広く「公界《くがい》」に共通する原理とみて、およそ次のように説いた。「老若」というのは、固有の花押《かおう》をもつ伊勢大湊の「老若」＝「公界」や、伊勢山田で「衆儀」の主体となった「三方老若」をはじめ、和泉堺の「老少」、筑前博多や肥前長崎の「老若」など、いわゆる自治都市によくみられる組織と、近江今堀の「年寄惣分・若衆惣分」など惣村の組織との双方に共通し、「老若」を構成する人々のあいだの平等の原理を特徴とするが、この原理はおそらく未開の社会にまでさかのぼりうる秩序原理である、と(4)。

なお、この惣村の「老若」については、新たに勝俣氏も、和泉日根庄の村々の軍事力のあり方の特徴として、村の武力は老・中老を指揮者とし、若衆によって構成されており、この編成は老・中老・若衆という村の宮座の﨟次《ろうじ》と関連がある、と指摘している(5)。

こうして「老若」は中世社会論のキイワードの一つと目され、すでに惣村研究によってよく知られる「老」＝「おとな」とならんで、「若」＝若衆の存在があらためて注目されることになった。

ことに、未開以来の自然生的な秩序とされる、老者―中老―若衆という村共同体の秩序、とくに「老若」や「若衆」が、中世の社会でどのようにして政治の主体として歴史の表面に登場し、どのような固有の矛盾をはらむに至るのか、を明らかにすることは、まことに興味ある課題となったといえよう。

その意味で、清水三男『日本中世の村落』（一九四二年）の次のような指摘が、あらためて想起される。彼は肥後和男『宮座の研究』をうけて、中世村落で若衆を研究することの重要性に早くから注目し、その見通しをこう記していたからである。

おそらく若衆は若衆の会合をもち、おとなとは別の部門で自主的に村落生活を管理したにちがいなく、山城国一揆の国人集会が上は六〇歳から下は十五、六歳とされたのも、一般に村政がおとな・若衆の共同で行なわれたことにもとづくであろう。こうしたおとな・若衆の制は古くから行なわれていたが、それが村落自治の機関として活躍し行政的な寄合をもったのは、室町時代以後のことであった、と。(6)

若衆の共同といえば、民俗の領域では、若者組についての蓄積はまことに豊かであり、若衆の祭りへの参画の事実は中世でもよく知られているが[7]、ここでは、武力を中心とした中世の村の紛争解決の能力を探り当てようという視角から、もっぱら検断＝共同体内の武力、合戦＝共同体外の武力の担い手として登場する、中世後期の村の「若衆」と「老若」の実態について、できるだけ具体的に調べてみることにしたい。

なお、村の年齢集団について、史料上の表記はじつに多岐にわたるので、ここでは引用のばあいをのぞいて、わかものは「若衆」、おとなは「老者」というように、仮に表記を統一しておこう。

一　武力と若衆

やや予断めくが、中世後期の惣村や町場、さらには一揆などの場で、「老若」というおおやけの執行の態勢がとられるようになる必然性は、これらの地域集団が、それぞれ若衆を中核として、自検断の能力を高めつつあったことに求められるのではあるまいか。

先にわたくしは、中世から近世にかけての村の自力の様相を具体的に追究し、とくに山論・水論など村落間の「合戦相論」といわれる村の武力行使の場で、若衆が重要な役割を果たしていることをうかがわせる、多くの事例をあげた。[8] ここではまず、それらの要点を示し、あらためて検討を加えることから始めよう。

A　文安二年（一四四五）、近江の大浦と菅浦の山論で、菅浦の「地下《じげ》若衆」が「廿卅人・船十そうばかり」の集団で大挙して係争中の山に入ると、大浦方からも「大勢をそつ(率)してをしかくる」とともに、近郷へも合戦の合力を求めたことから、ついに「散々ニ合戦」という事態となった。[9]

B　この大浦・菅浦の相論のさい、近隣の海津西浜「惣中」は合戦合力のため、菅浦「惣中」に「其元境目ご相論《そうろん》の由、……自然、人数等ご用については、ご左右《とこう》次第、若輩を遣すべく候」と申し送り、「人数」つまり軍事力として、いつでも若輩＝若衆を応援に派遣しよう、と協力を申し出ていた。[10]「合力」と呼ばれた村同士の武力の連帯が、若衆を軸として形成されているのである。

C　その後、大浦方の報復攻撃で死者四名を出した菅浦方では、「若者共」が「このふそく(不足)ニ大浦へをしよせ、本意をとげん」と反撃を主張したが、「地下」＝老者たちが「公事《くじ》（訴訟）中半ニて候間、然るべからず」[12]と説得して思い留まらせた、という。[11] なお、おなじ「菅浦文書」には、以上の例のほかにも、次のD・Eのような例（年未詳、中世後期）がある。

D　浦前の漁場をめぐる堅田との「海上相論」では、協定に違反して夜中ひそかに菅浦の前の浦で網を打つ堅田方の若者たちに対し、菅浦では「わかき物ども、心へず候よし申」し、「わかき物どもはしりいでゝ、あミをむばい《（奪）》候ハん」と実力で阻止した。やがて近隣の中人《ちゆうにん》による調停の結果、菅浦方は実力行使の「らうぜき人」の若者どもを「たうしよをついはう」（村追放）という形で自主的に処分して堅田に詫びを入れ、以後は「わかきものども、いかていのらうぜきをいたし候とも、たがいにせいばい《（成敗）》をくわゐ、事をぶい《（無為）》になすべく候」と約束した。[13] ここでは漁も戦いも若衆集団が主役である。

E　近隣の海津西浜「惣中」は、在所として生害《しょうがい》＝死罪に処した者の共犯について申し入れをうけて、菅浦惣中に「此方年より共、若衆に侘言《わびごと》いたし、涯分無為に仕るべく候」、「万一、若衆菟角《とかく》申候はゞ、其方申入れ、御孝《（教カ）》をもつて無為に申すべく候」と返答した。[14] 村の検断＝成敗の執行に、若衆が中心的な役割を果たしているらしい。

F　天正十六年（一五八八）、播磨の相生と坂越の山論では、相生側の言い分によれば、「坂越のもの共」が「ゆミ・やり・てつほう、其外、ぶぐ《（武具）》をたいし、人数あまたにて」山論の現場に出動して、柴の投棄・刀峰打ち・舟の破壊など、実力行使の挙に出たことから、相生側でも「わかき者ども」が「うちかへし《（打返）》（報復）仕るべし」と主張し、事態は武力を備えた村同士の合戦相論の様相となったが、相生では若衆の積極的な動きを制止し、「地下中」が「とめ申」し「在所を相しづめ」「なだめ」て、武力衝突を回避した、という[15]。

G　慶長十六年（一六一一）、陸奥会津郡の蔵河村と芦野原村の山論では、芦野原村が「人数多罷り出」て山への立入りを阻止したため、蔵河村が抗議のため「若者」六人を使いに差し向けたところ、芦野原村は「村百姓残らず罷り出で、かの六人の使を中にとりこめ、さん〴〵にちやうちやく」した、という[16]。

H　慶長十八年、同じ会津の川論の合戦で、犠牲になったのは「ちやくしの子、廿五ニ罷り成り候物（著）」であった[17]。

I　寛文十年（一六七〇）、信越国境の山論で、越後森村から押しかけた「大勢」は、村のしるしを掲げた「五人大将」の率いる、組織的な軍事編成をとっていたが、その大将たちは「与右衛門の子伝三」はじめ、いずれも「子」つまり若衆ばかりであった[18]。

*

以上の事例A〜Iから、一五世紀半ばから一七世紀後半にかけての村の若衆について、さしあたり以下のような特徴を認めることができる。

（1）村同士の相論に伴う武力行使の場という軍事的必要のもとで、「地下若衆《じげ》」「若輩」「わかきものども」などといわれる年齢集団は、村が自検断の武力（弓・鑓・鉄炮、其外）を行使するさい、その軍事・警察組織の中核をなし、しばしば主体的かつ自律的な行動をとっていた。

次のような事例もそれであろう。文亀元年（一五〇一）和泉日根庄の入山田四ヵ村が、守護方の夜襲に備えて「地下一味せしめ塞《ふせ》ぎ戦うべし」という態勢をとったとき、「大将に」と申し出たのは大木村の若衆であったし、永正元年（一五〇四）同庄の菖蒲村では、若衆が連夜の蕨《わらび》盗人を見張り追跡して「年少の子共、夜前も六、七人殺す」、というような「盗人誅罰」の任に当たっていた。(19)

（2）これに対して、村の執行部を構成する「地下中《じげちゅう》」＝老者衆は、村の外交や政治や検断の決定権をにぎって、ときに若衆の行動を抑制し宥める地位にあり、相論をどう落着させるかの駆け引きは、しばしば若衆に対する老者衆の主導権の成否にかかっていた。

同じ永正元年、日根庄入山田四ヵ村の兵士＝軍事力が、「地下中、若衆に、中老を相撰び、船淵のシキ（番頭）を首として廿余人」という、年齢体系による編成をとっていたのは、そのよい例である。(20)

（3）しかも、こうした村の自検断の執行をめぐって、若衆＝村の軍隊と「地下中」＝村の執行部とが対立するような事態は、むしろ一般的でさえあり、年齢集団のあいだの調整こそが老者層の役割であった。

（4）こうした事情は近世初期の村でもほぼ同様で、村の若衆は村の紛争解決に自立した主体として、やはり武力を伴う相論の場で、独自の役割を果たしていた。

（5）なお、若衆が山仕事や網打ちに従事している事実から、若衆が日常的な村の生産活動の場でも主要な役割を担って集団として行動していた、という事実を読み取るならば、若衆の村における発言権や長老衆との対立矛盾は、若衆を中核とする生産と軍事という、中世の村の自検断と生産の体制に固有のもの、とみなければならないことになろう。

この視点から若衆の地位の推移を考えようとするとき、「原始民族に於ては青年階級は多くの場合狩猟者（＝生産者、藤木注）の階級であり、戦士の階級である。しかるに……軍事の重要性の失われるに至った社会では青年階級は果たすべき役目の失われた階級である」という、岡田謙氏の指摘が想起されてよいであろう[21]。

二　おとな・わかしゅ

次に、行動する村の若衆の姿を、一五世紀末の山城の山科七郷の村を例にとって、観察してみよう。「谷中」と一括して呼ばれるまとまりをもったこの地域は、禁裏《きんり》番役の組としても一つに結ばれていたが、ことに応仁の乱の時期に「惣郷」として頻繁に「七郷寄合」「野寄合《のよりあい》」をもち、しばしば主体的な「土一揆」の行動に結集と高揚を示したことで、よく知られる。(22) そこに若衆はどのような位置を占めていたか。

たとえば、応仁二年（一四六八）七月、西軍の足軽が「谷中」を通過しようとするのを、「惣郷」で「具足《ぐそく》ニて」阻止したが、その武装した七郷の勢力は「古老」と「若者」から成っていたし（②一〇頁）、文明九年（一四七七）五月、武田方の足軽＝北白川の地下人の作荒しを「おい落」し、牛・馬・野具などの質取りを行なった、「地下人」の主体は七郷の「若物ども」であった（③五六頁）。また、同十二年三月には、「郷中若衆」三〇人ほどが集まって、恒例の「的」つまり弓術を競う神事儀礼を執り行なっていた（③一七二頁）。

明らかに山科七郷でも、「郷中若衆」が軍事や検断や祭りに中心的な役割を果たし、「古老」とともに「惣郷」の重要な構成メンバーとなっていた。

このような組織の基礎は、「惣郷」内の各郷＝惣村におかれていた。その一つ大宅里（通称＝東庄）の村の組織も、やはり「おとな・わかしゅ」（③一一七頁）、あるいは「老衆・中老・若衆」（⑤九二頁）から成っていたのである。

応仁二年春に、この村の「若衆少々」が七郷のうち音羽庄の要請をうけて、郷同士の戦闘の加勢に出動したり、「地下若衆共」が軍事的な訓練をも意味する「的矢」の神事を行なったり、狩りに出て「うさぎ一」を射止めたりしている（①二五三・二五七・二六三頁）。また、長享三年（一四八九）七月には、検断事件に伴う湯起請《ゆぎしょう》に「若衆九人」が関与したり、「地下《じげ》」から出る「番衆」に若衆二人が当たったり、延徳三年（一四九一）九月には、領主の遠出の随行に「ヲトナ」とともに「地下の若衆」が警固に加わったりしていた（⑤三七〜三八・一六八・一八二頁）。若衆は村の軍事や検断の遂行に固有の地位を占めていたのである。

しかし、この村でも「おとな・わかしゅ」のあいだには、つねに対立の契機がはらまれていたようである。延徳元年（一四八九）九月、この村の彦六・弥太郎・馬場弥九郎の三人が「地下人等においては、他所の御被官《ひかん》に罷り出る事禁制たり」という「先規」（④九八頁）を破って、安富元家の被官＝家来に出るという事件が起きた。

この三人は「三郎兵衛が子彦六」などとみえるから、いずれも村のわかものであったらしい。年末に彦六だけは、村の政所《まんどころ》に付き添われて雑掌《ざっしょう》に「今度よそへ出で候わび事」をし、詫び状を書いて許されているが、わかものたちの親の三郎兵衛や馬場某は村の有力な「おとな」であったから、この一件は村や領主側に大きな衝撃を与えたらしい（⑤五三・七〇頁）。若衆の自立した行動ぶりがうかがわれよう。

また同三年二月には「おとな・中らう・若衆われ候」といわれた「老衆・中老・若衆公事《くじ》」が起きていた。老衆・中老・若衆間の分裂の原因は、「地下計会」つまり村の疲弊を理由に、若衆が村＝老衆・中老に対して「座ノオトナヽリ出銭」の減額を要求したことにあった。その対立はすぐには解けず、半年もたってから、雑掌が「ヲトナ」「若衆」双方の代表を呼び寄せて調停に乗り出した結果、若衆の要求をいれて「座」の規約を改訂することで、ようやく事件は落着した。

その改訂の内容は、「おとなゝり《（老者成）》さんのさだめ」を五貫二〇〇文から三貫五〇〇文に、「ゑぼしぎ《（烏帽子着）》の代」を二貫文から七〇〇文に、つまり総額で七貫二〇〇文から四貫二〇〇文へと、じつに四二パーセントも切り下げるという大幅なものであった。この改訂を決めた文書には、一座道秀・二中務というように、座のおとな八名が名を連ねているが、かれら老者集団つまり村の執行部は、若衆集団の力に押し切られたのであ

る（⑤九二・一三九・一五七〜一五九頁）。

この村の「若衆」という年齢階層は、右の一件からみて、「座ノオトナヽリ」つまり中老成・老者成など、「座」入りの儀礼を行なう以前のわかものを指しているようである。この事件が解決した直後の十月に、雑掌が近江の陣へ「召具」した「地下若衆三人」の一人兵衛九郎は、その翌月に「おとなゝり」の礼に雑掌の許へ参上し、やがて村の有力なおとなの地位を占めることになる（⑤一九五・一八二頁）。

「元服礼に子つれて上る……若者扇一本」とか「三郎兵衛子げんぷくに上り候、（大沢）彦兵衛えぼし（親也カ）」、「泉蔵坊の子元服、九歳、彦兵衛尉烏帽子親」（④一五〇・二五八〜二五九頁）などの記事では、児童が「元服」すると「若者」と呼ばれている。また「二郎九郎……おとなになり候、二郎衛門と申す也」（②一二九頁）とか、「彦七おとな二なり……七郎左衛門なり候歟」というように、この村の「座ノオトナヽリ」はふつう「衛門成《えもんなり》」の形をとった。若衆というのは「元服」してから「おとなゝり」までのあいだの年齢組の青年たちであったようである。

なお、『邦訳日葡辞書』では「十五歳から二十五歳前後までの若者」を「ワカイヒト」としているが、宝暦四年（一七五四）の近江浜野村の「惣若者中」の掟では、「前髪取り元服の祝」や「若家の礼」など、「村入」といわれる若者仲間や若者宿入りの規式とともに、その頭役《とうやく》をつとめる者の年齢の上限を「四拾弐才限」とか、「四十二才の正月に、次の年重の内、了簡《りょうけん》これ有る者を見立て、相渡し申すべき事[23]」、と定めている。これからみて、元服から老者にいたるまでの、中世の若衆と中老の年齢層の幅も、実際にはかなり広かった、とみるのが妥当であろう。

三　惣と老若

以上でみたように、若衆はただ村の武力や警察力として、老者衆に従属し手足のように駆使されるだけの存在であったわけではない。かれらは年齢組集団として惣村の検断の執行や意思決定にも参画し、ときに老者層の意向や村の秩序とまっこうから対立するなど、一五～一六世紀の村の課題解決の過程に、自立した主体として登場するようになっていた。

村の政治という局面で、若衆や「老若」がどのような地位を占めたかを、村の政治の総括ともいえる、惣掟＝村法の類を通じてたしかめてみよう。

J　はじめにみたように、近江菅浦の惣は「地下若衆」を中核とした村の武力組織をもっていた。この惣が寛正二年（一四六一）、盗人検断について、「惣庄の力をもつて人を損」う現状を惣として自己批判し、「ぬけがけ」「私事」をいましめ「寄合」を重視する「惣庄置文《おきぶみ》」を、「上廿人乙名中《おとな》」六名の連署の形式をとって定めた。そこで強調された「惣庄相ともに」とか「惣庄として」というのは、たんなる抽象的な精神論などではなく、検断権の執行に当たって、具体的に「上廿人乙名・次之中乙名・又末の若衆相ともに」という態勢をとることを意味していた。(24)

つまり、一部「乙名」たちによる「惣庄の力」の私物化の排除とは、じつに中乙名・末の若衆の参画する、年齢組体系の総体という態勢をとることにほかならなかった。この「惣庄置文」が年齢組体系の矛盾の現われであり、こうして若衆が盗人検断の領域で惣庄の意思決定に参画する地位を公式に獲得しえたことが、若衆らによる惣庄＝乙名批判と運動の成果であったことは、まず疑いないところであろう。

K　天文十一年（一五四二）、戦国大名浅井氏のかけてきた「公事舟《くじ》」供出の役を、「惣中余りに迷惑」と「侘言《わびごと》」して、ついに目的を達した菅浦「惣中」では、「おとな二人・中老二人・若衆二人、以上六人加判」、つまり惣の東方と西方から各年齢層の代表一人ずつの名前で、請文《うけぶみ》を提出した。(25) このおとな・中老・若衆六人連署の形式は、その文中に「惣別加判進《まい》らすべく候へ共」と明記された通り、惣の構成メンバー全員の署名に代わる、惣村全体の意思表示であることを表現するためにとられたのであった。

Ｌ　永禄十一年（一五六八）、おなじ菅浦で「廿人（乙名）・東西の中老・十六人の長男」の名によって定められた「守護不入《ふにゆう》、自検断」を確認する「壁書」は、「在所の置目」に背いた四名の者を「在所の参会」から永久に排除すると決定し、もしも「村人・長男・中老」がこの決定に違反し「参会」を許せば成敗する、とした。(26)

一五世紀なかばに定められた、Ｊの「上廿人乙名・次之中乙名・又末の若衆相ともに」という態勢は、惣村の「自検断」の機軸として、中世の終りまでなお一世紀にわたって堅持されていた。なお永禄八年（一五六五）十一月「船々聚銭帳」に「大湊老若（花押印）」がみえる（大湊町振興会所蔵文書）。

Ｍ　天文末年～永禄末年（一六世紀なかば）の頃、伊賀の「惣国一揆掟」一一ヵ条はその第三条に、惣国の臨戦態勢について、

一、上は五十、下は拾七をかぎり、在陣あるべく候、永陣におゐては番勢たるべく候、然れば在々所々、武者大将を指し定められ、惣は其の下知に相随はるべく候、ならびに惣国諸寺の老部《おとな》は、国豊饒の御祈禱を成され、若き仁躰《にんたい》は在陣あるべく候事、

と定めている。[27] すなわち、軍事動員の年齢は五〇歳から一七歳までとする、惣村はそれぞれ「武者大将」を定め「惣」はその下知に従え、また「惣国諸寺」も「老部」は「国豊饒」の祈禱をし「若き仁躰」は在陣せよ、というのである。この軍事動員もまた、個々の惣村を単位とする五〇歳から一七歳にわたる「老若」の軍事編成を基礎としていた。

さらに第五条では、「足軽として……忠節仕る百姓これ有らば、過分に褒美あるべく候、その身におゐては侍《さむらい》に成さるべく候事」とする。この「惣国一揆」は、ほんらい「諸侍」身分の者だけを構成員とし、「百姓」たちを排除して成立していたとみられるが、さしせまった危急に村々の「百姓」が「足軽」として手柄を立てれば、過分の「褒美」を与えるほか「侍」にも取り立てようという、身分変更を伴う開かれた動員態勢がとられているのである。惣国一揆の軍事態勢は、明らかに老と若の年齢体系と、侍と百姓の身分体系の対立を包みこんで成立していた。

N　天正十年（一五八二）、近江今堀の惣は「地下」の意思決定に「たぶん《（多分）》に付くべき事」という多数決原則を確認する、「地下年寄・若衆直目《（置カ）》条々」三ヵ条を、「年寄惣分」・「若衆惣分」という、それぞれの年齢階層の代表の連署によって定めた。[28] 惣の意思決定に多数決を明記し、惣運営の民主化を求める惣掟が、年寄と若衆が連署する形式でつくられるのは、明らかに惣村執行部たる「年寄惣分」組織に対する「若衆惣分」組織による批判の帰結とみるべきものであり、この掟の対象はとくに検断の領域と限らないが、成立の事情はおそらく事例Jと同じものであったにちがいない。

O　天正十一年、近江甲賀郡牛飼村と山上中村の草刈場相論がもつれたとき、これに介入した近隣の中人集団の「異見《いけん》」と「判状《はんじょう》」つまり仲裁裁定は、牛飼村の御名主中・若党中・百姓中の三者宛に提示された[29]。

P　慶長十八年（一六一三）、近江高木村は村人三六名の連署する「定」三ヵ条の第一条で、

> 当所の若者ども、しぜん他郷衆と出あい、惣（村）の事によつて、少しつめもんたう（詰問答）仕り候とも、利非（理）次第によつて、たがいにみすて申すまじき事、

と定めている[30]。ふだんに予想される村と村の衝突という場面で、若衆はつねに中心的な役割を果たしていたのであり、わかものたち相互の緊密な共同は、村が紛争を乗り切るために、欠かせない条件であった。

Q　元和六年（一六二〇）、近江神崎郡の佐目村と甲津畑との山論で、佐目村は「山の公事」で村を代表する四人の「公事成さる衆」を選出するにあたり、「佐目惣中」として、長衆・中老・若衆それぞれ二名の計六名が代表連署して、村として訴訟費用の免除や鉄火《てっか》取り＝神裁の補償などを約束する、「究《きめ》の覚」を定めていた。(31)

R　寛永十年（一六三三）、近江蛇溝《へびみぞ》村は隣接する今堀村との堤《つつみ》出入、つまり用水相論の衝突に備えて、次のような「地下掟」五ヵ条を定めていた。(32)

一、平子堤出入に付き、今堀村とせんさくに及び候時、地下年寄衆の下知《げち》に付き働くべき事、

一、其場にて双方目にあまり様に、若者これ有るにおいては、地下を払うべき事、

一、其場にて相果て候者候はば、末代役儀指し置くべき事、

付、手おい候者かいひやう、地下中より取り立つべき事、

一、年寄衆の下知をうけずに、はやりすぎ出候者、曲事《くせごと》に仕るべく候事、

一、他所に居申候とも、たいこ（太鼓）あいずに帰り、其場へ出づべき事、

ここにいう「出入」「せんさく」とは、水争いの現場で「相果て」＝戦死したり、「手

おい」＝傷を負うような事態が想定されていることからみて、村同士の武力衝突を伴う、激しい合戦相論を意味しているのである。

つまり、この「地下掟」の主たるねらいは、そのような村の武力行使の場で、「目にあまり」「年寄衆の下知をうけずに、はやりすぎ」る「若者」に対し、「地下を払うべし」という村追放の制裁による抑制と、「末代役儀指し置くべし」という補償や褒美の規定による督励をもって、「地下年寄衆」の主導権を確定し、規律ある機動力を実現しよう、という点にあったにちがいない。

やはりこの近世初期の「地下」の村でも、現実には若衆が村の武力の発動に主体的な位置を占め、しばしば「年寄衆の下知」を超える行動を示していたらしい。村同士の相論に勝つための実力行使には、若衆の統制のとれた働きが切実に求められていたのである。

おわりに

さいごに、中世後期から近世初期にかけての惣村にみられる、「若衆」と「老若」の特徴をまとめてみよう。

（1）村々は盗人・殺人などの検断事件に対処し、近隣の村同士のもめごとを解決し、領主権力に抵抗し、外敵を排除するなど、村の自検断をつらぬくために、日常的に村として武装していた。そうした村の武力を主体的に支えたのが若衆であり、その若衆と老者の関係をどう円滑に調整するかは、しばしば惣掟つまり村々の政治の重要な課題となった。その事情は近世に入っても基本的には変らなかった。非日常的な蜂起としてよく知られる土一揆や百姓一揆の闘いは、このように日常的に村が保持する武装、つまり村のもつ自律的な紛争解決能力と態勢にその基礎をおいていた。

早く中世村落の「ヲトナ・若衆」に注目した、清水三男『日本中世の村落』をうけて、和歌森太郎氏が、一族や村落などの協同生活体は、中世後期に年齢組仲間の分業関係をもって構成されるに至った、と説いていたことを想起しよう[33]。宿老仲間は経験・知識という知的な面で村を率い、若衆との関係の調整に当たったのに対し、若党や若衆仲間は腕力・活動的行為の力をもって村を守る、一種の村自治の権と責任をもたされていた、という同氏の指摘は、以上のような事態の本質をついていたといえる[34]。

（2）老者・中老・若衆の連署という公的な文書形式は、事例J・Kがよく示すように、その文書が老者・中老・若衆の各年齢集団の共同意思、つまり惣村全体の意思であることを表現し強調する、という特定の政治的な意味を帯びていた。それはおそらく、若衆集団に多くを依拠する、惣村の自検断＝紛争解決の体系に固有の矛盾の帰結であり、その政治的な総括にほかならなかった、とみることができる。

（3）村の自検断という視点からみる限り、老者・中老・若衆という相互に自立した年齢集団の共同、つまり「老若」という形をとって中世後期の政治社会に現われてくる、地域集団の組織や運営の原則は、自然生的な秩序そのものというよりは、むしろ一五世紀以降に惣村や惣町や一揆がその自検断の能力や機能を高めていく過程で生じた、若衆という社会集団の台頭と、それに伴い惣村などで激化した、「老若」間の緊張と村の内部矛盾の帰結であり、その政治的な表現であった、とみるのが自然であろう。

地域集団が老者・中老・若衆という未開以来の年齢組体系を機軸として運営されていることと、それが公式に「老若」という政治的な形をとって、主体的に歴史の表面に登場してくることとは、早くに清水氏や和歌森氏も指摘したように、やはり時期を画して区別するのがふさわしい。

（4）ただし、惣村レヴェルでつくられる文書の形態でみる限り、すでにみた老者・中老・若衆の連署状のほか、老者・中老の連署状や「老・中老寄合」、さらに中老衆だけが単独に署名したり、宛所となる文書はみられても、(35) わたくしはまだ若衆だけの単独の公文書をみつけることができない。若衆の主体性とはいっても、相論の場で村の軍勢の大将や交渉の使節となることを除けば、若衆だけが単独で惣村を対外的に代表することはほとんどなかった、とみるのが妥当であろう。

（5）若衆は「元服」から「おとなり」までの青年であるとしても、村に住むこの年齢層の青年すべてが「若衆」の年齢組に属したわけではない。そのことは、「座ノオトナヽリ」という言葉や老者・中老・若衆という体系それ自体がよく示している。すなわち、これまで「若衆」として登場してきたのは、ほとんどが村の「座」に帰属する家格をもった家に生まれ、若衆から中老を経て老者への階梯を約束された青年たちであったにちがいなく、村の年齢組そのものが明らかに閉ざされた体系であった。

村はこの体系を機軸として、きわめて階層的かつ排他的につくりあげられていたが、直面する軍事・検断の遂行に当たっては、「褒美」のほかに「百姓」から「侍」への身分変更の措置を定めた事例Mも示すように、しばしば金品から家格や村内身分の変更までも含む、「勧賞」や「褒美」の措置を講じて、階層を超えて広く人々の参加を求めた。だから、日常の村の年齢組体系としての「若衆」と、非常時の軍事の実現に活動する若衆とは、ときに異なった性格を帯びた、と推定しなければならない。

＊

（6）「老若」という言葉も、（2）でみた老者・中老・若衆の連署とよく似た、村ぐるみという意味合いをそっくり包みこんで成立していた。以下、「老若」の表記について、事例をあげよう。

S　「菅浦文書」には、次のような用例がある。[36]

＊地下には、わづかに老若百四、五十人にて城をかため、（寛正二年）
＊当所の老若・童男・童女までも、此の事を聞き、悦ばずと云う事なし、（文明三年）
＊此の事一切、百姓等老若共、存知仕らず候、（年未詳）
＊元の如く、皆々老若共に、等閑なきの由候程に、（年未詳）

T　文亀二年（一五〇二）和泉日根庄では、洪水によって流失した村々の用水樋を引き揚げるために、全庄から「地下の老若を撰ばず、悉く催して」四百余人を動員し、近隣の庄郷からも「地下人悉く合力」してこれを助けた。[37]

U　天文十四年（一五四五）、大和薬師寺の近隣の村々が「大池の魚」を盗み捕りして「郷民の沙汰、言語道断」と咎められたとき、西大路郷では「惣郷老若存ぜらる旨」を「長男四人」が代表して「告文《こうもん》」で「侘事《わびごと》」し、七条郷は「長男ならびに座衆、悉く以て罷り出」て「今度の魚の儀、存ぜず」と誓約した。(38)「惣郷老若」と「長男ならびに座衆悉く」とが同じ意味で使われている。

V　また、天正八年（一五八〇）、大和で筒井順慶が龍田村の土豪井上氏に宇治橋用材の「材木山出」を課したときには、とくに奔走を求めて「被官衆老若共に馳走」を、と指示していた。(39)

以上のように、中世後期の「老若」「百姓等老若」「惣郷老若」とか「老若共ニ」「老若を撰ばず」という表現は、老者・若衆の政治的な共同という限定された意味を超えて、より広く惣村全体とか村人挙ってという趣旨を力説するときに固有の表現として、よく用いられている。

とすれば、網野善彦氏の注目した、同時代のいわゆる自治都市の「老若」＝「公界」という政治主体も、おそらくは右のような狭広二重の意味と年齢階層間の鋭い対立を包みこんで成立していた、とみることができるであろう。

（7）さらに近世に入ると、この「老若」という表現は、

＊老若共に、ふみあらし申候はゞ、相応の過銭、[40]（寛文元年）

＊老若男女に至る迄、壱人も見物に参り申す間敷《まじ》、[41]（享保十二年）

という具合に、相互に自立した年齢階層集団の政治的な共同という、「老若」ほんらいの限定された意味よりは、むしろ漠然と「大人も子供も、男も女も」、つまり村人全体でという意味の慣用句として使われる例が、いっそう多く目につくようになる。

このことは中世後期に現われた「老若」の政治的な共同という意味の風化の方向を示すものであろう。ただし、単に村全体ということを表わそうとすれば、国語的にはただ「男女」でも「惣郷」でも足りたはずであろう。それが「老若」という固有の表現に結晶するに至った背景に、以上のような歴史があったことは、まず疑問の余地がない。

こうして、もと「老若」の核心にあった、惣村全体という理念が、やがて「老若男女」（すべての人『日本国語大辞典』）と通俗化して広く用いられるようになるとみるのは、「老若」ほんらいの意義を考える上でも、まことに興味深い。そうした風化の背後には、村の自検断と若衆の役割の歴史的な変化が横たわっていたにちがいない。

注

（1）小著『豊臣平和令と戦国社会』参照。
（2）『戦国法成立史論』一二六頁以下参照。
（3）『中世政治社会思想』上「解説」六一九頁。
（4）『無縁・公界・楽』八・九。
（5）「戦国時代の村落」『社会史研究』6。
（6）清水三男著作集2『日本中世の村落』、一五五～一五六頁。
（7）たとえば、天野武「若者組」『講座日本の民俗』2、および清水前掲書一五五頁、参照。
（8）『豊臣平和令と戦国社会』第二章。
（9）「菅浦文書」六二八号。
（10）「菅浦文書」四五四号。
（11）「菅浦文書」六二八号。
（12）前掲小著一一一～一一二頁。
（13）「菅浦文書」三九三～三九六号。
（14）「菅浦文書」四五〇号。
（15）那波鉄治氏所蔵文書、前掲小著八四～八五頁参照。
（16）『新編会津風土記』巻三三。
（17）『新編会津風土記』巻三一、G・Hは前掲小著一三九頁参照。
（18）石沢高能氏所蔵文書、前掲小著一〇五頁参照。
（19）図書寮叢刊『政基公旅引付』文亀元年六月二十二日条、永正元年三月二十六・二十八日条。
（20）『政基公旅引付』永正元年四月五日条。

(21)「年齢階級の社会史的意義」『社会経済史学』一。

(22)出典はいずれも史料纂集『山科家礼記』1〜5巻。以下、本文中に巻数①〜⑤と頁数だけを注記する。なお、山科七郷の武力については、志賀節子「山科七郷と徳政一揆」(『日本史研究』一九六)がよい論文である。

(23)福原進家文書『八日市市史』6、七五頁以下。

(24)「菅浦文書」二二七号。

(25)「菅浦文書」二六一号。

(26)「菅浦文書」九二五号。

(27)「山中文書」『中世政治社会思想』上、四一三頁、なお石井進「解題三・一揆契状」参照。

(28)「今堀日吉神社文書」。

(29)「坂上市太郎氏所蔵文書」、和歌森太郎『中世協同体の研究』参照。

(30)「高木共有文書」『中世政治社会思想』下、二二七頁。

(31)「佐目区有文書」、なお、前掲小著一三九頁参照。

(32)「蛇溝町共有文書」『八日市市史』6。

(33)『中世協同体の研究』。

(34)老若の関係を示す例に、「若物(者)共ほしきまゝ……年寄衆……として在所をはらい可申候」(慶長二、二、九『禅定寺文書』一二〇)や、「既に若衆一揆に及ぶの間、老者教訓を致す」(文明十七年二月廿七日『多聞院日記』一)や、村落間の山論の喧嘩について「若衆不慮出来候はば、御請状の判形の衆、曲事に仰付らるべき旨」(天正二十年六月、芥田文書六〇『兵庫県史』史料編中世2)などがある。

(35)「菅浦文書」一八三・一八八・三二〇・四一四・八八〇・八八二・九二二号。

(36)「菅浦文書」三二三・六三二・三二一・四五三号。

（37）『政基公旅引付』同年九月一日条。
（38）「薬師寺上下公文所要録」、天文八年六月条に、洪水のため「惣郷之老若」が「川切」に出たとある。
（39）龍田・井上文書『斑鳩町史』続史料編、五百井の大方家から譲られたものという。大方家にも写本が伝存する。
（40）近江中野村組中定、『八日市市史』6、四七頁。
（41）近江小脇郷中掟、『八日市市史』6、八一頁。

第六章　落書・高札・褒美

はじめに

中世の村で、盗人や放火や人殺しが起きる。いずれも村の「大犯《だいぼん》三ヵ条」といわれた大事件である。(1)もしそれがだれの犯行かわからなかったり、仮にわかっても、犯人が逐電《ちくてん》してしまったとき、村ではどうやって解決がはかられ、近隣の村々や領主はどのように関与したのであろうか。こうした村の検断には、まだわからないことが多く、自検断の語を独り歩きさせるわけにはいかない。

ここでは、落書《らくしょ》・高札《たかふだ》・褒美の三つが、大切な手がかりである。一例をあげよう。鎌倉時代も末に近い延慶《こうさつ》三年（一三一〇）七月、大和の法隆寺で起きた夜盗事件は、犯人を捜すために、一七もの村が集まって開いた「大落書」で、よく知られている。落書というのは、村人たちの無記名投票で犯人を決めるやりかたで、ときに公開で集団的に、またひそかに個人で行なう、この犯人密告の慣行は、中世にはかなり広く行なわれていたらしい[2]。

ところで、法隆寺の『嘉元記』をみると、[3]この落書に先立って、「上品廿貫文・中品十貫文・下品五貫文の解文を放つ」という、落書とは別の検断措置が講じられている。これに早く注目したのは林屋辰三郎氏で、真犯人発見のとくに困難な場合に、懸賞金をかけて「解文」を放ったもので、法隆寺のほかには見当たらない特徴である、と説いた[4]。

また、最近では細川涼一氏も、戦国期の同寺で、懸賞金をかけてまで犯人の追捕《ついぶ》が試みられているが、これは、領域に「強制された平和」を設定しようとするもので、荘園領主法ほんらいの当事者主義とは異質な、新たな職権主義の台頭である、と論じている[5]。

それぞれに視点は異なるが、ともに、懸賞金をかけた犯人の追捕を、領主法隆寺のとった特異な検断システム、とみる点で共通している。

しかし、懸賞や解文といえば、わたくしには、中世から近世にかけての村々で広くみられた、村の犠牲者に対する補償や褒美の慣行[6]、あるいは「田・のら《（野良）》の物ぬすみとり候をみつけ、しとめ候はば、……ほうび仕るべく候こと[7]」というような村掟や、よく知られた「いるまん訴人」に褒美銀をかけた近世はじめの高札のこと、などが思い出される。褒美という習俗は、中世の村社会の底に、意外に広く行きわたっていたのではないか。

いったい中世の落書や解文や褒美は、村々の自検断の仕組みの中で、互いにどのようにかかわりあい、どのような役割を果たしていたのであろうか。以下、一四世紀から一七世紀にわたって、まず大和の法隆寺・薬師寺の「引付《ひきつけ》」といわれる検断の記録をたどり、さらに村々の惣掟の世界をも訪ねてみることにしよう。

一　一四世紀の落書と解文

落書と一揆

まず、鎌倉末に法隆寺で起きた夜盗事件をめぐる「解文」と「大落書」の経緯を、その解決まで順を追ってたどってみよう。

（1）寺内に押し入った夜盗を、寺で探索しても手がかりをつかめないので、懸賞金の額を「上品廿貫文・中品十貫文・下品五貫文」と公示した「解文を放つ」、という措置をとった。しかし一〇日たっても犯人はつかまらない。

（2）そこで被害者の寺では、領域を超えて、近隣の「十七ヵ所」もの村々に「牒送《ちょうそう》り」で連絡し、隣の竜田村にある総鎮守の竜田神社の神前で「合の大落書」を行なった。落書つまり無記名の投票は、六百余通にものぼったため、開票は翌日まわしとなった。

（3）次の日、まず「会向《えごう》の集会」を開いて、落書の数を確認し、犯人の決定基準を、「実証」つまりたしかだとするもの一〇通以上、「普（風）聞」つまり人の噂とする票は六〇通以上、と定めた。ついで寺僧七人の手で開票の結果、法隆寺の定松房に二十余通、舜識房に一九通の「実証」票が集まり、この二人の僧が夜盗と決定した。

（4）この結果をみた「十七ヵ所」の「大勢」は、ただちに犯人の逮捕に法隆寺内へ「発向《はっこう》」した。しかし、寺側は寺内のことは「惣寺」で沙汰するといって、出動した村人たちと「問答」となり、名指された二人の僧の周辺では「人勢」を集めて、とくに強硬に検断を執行しようとする「両郷」を実力で阻止した。

（5）寺側はこの落書を「不実」だと非難し、かならず二人の責任で真犯人を捜させるといい、ともかく二人を出仕停止の処分とした。

（6）それから四ヵ月半ほどして、二人の僧は初石八郎という男をつかまえて寺に突き出したが、男が犯行を白状したので、山あいの極楽寺で「頸切」の刑を執行し、三日間の晒首《さらしくび》とした。
（7）犯人を逮捕した二人には、「上品の沙汰」に当たる二〇貫文を与え、その費用は「家別」の役をかけて調達した。落書に切りかえられても、はじめの解文の趣旨がまだ生きていたのか、あるいは別の理由によるものか、後でもう少し追究しよう。なお、別に、刑の執行に当たった頸切役と遺体を処理した「細工」には、寺から酒肴と銭一貫文を与えた。

以上のプロセスで、とくに注意をひくのは、落書の規模の大きさと、その「十七ヵ所」の独自の「発向」ぶり、すなわち、領主側とも対立するほどの、村々の主体的な検断の行動である。

この事実から、右の一件は、従来、もともと領主の強制で行なわれる落書＝検断から、村の自治としての落書に転換したことを示すもの、と評価されてきた。しかし、酒井紀美氏はこの通説に反対して、落書というのは、ほんらい村の自検断権に根ざす、村々の共同意思の表現にほかならず、領主の検断権も、じつはこれを前提としてはじめて成立しえたのだ、と主張した。(9) これは重要な視点である。

同氏や細川氏の成果によれば、竜田社の神前の「会向の集会」に結集して「大落書」を実現した、この「十七ヵ所」の村々というのは、

（１）地域的にはまとまっているが、法隆寺領にすべて包摂されてはおらず、それぞれ荘園や領域を異にしていたが、その多くは、
（２）庄域を超えて溜池の築造に当たる、灌漑施設の共同を実現し、
（３）竜田社に「三十講」として供料を奉仕する、祭り集団を構成し、
（４）極楽寺の惣墓を共有する「墓郷」を構成する、
というように、検断から用水・祭り・葬礼にわたる、じつに多面的な地域連帯の関係を、日常的にとり結んでいた、という。

この点からみても、問題の大落書を法隆寺の領主検断権の発動とみるのは無理で、やはり、一七の村人たちは、落書による犯人捜査から発向による追捕にいたる、盗人検断権の執行に、自立した主体として参画していた、というべきであろう。

落書はこのように庄・郷や村々の緊密な、ほとんど一揆的な共同によって支えられていた。そのよい例を、もう一つあげよう。建武四年（一三三七）十一月、法隆寺では、隣の中宮寺に入った盗人を摘発するため、落書を行なうに当たって、法隆寺の僧一二名と、竜田庄の検断代一名が連署して、次のような起請文《きしょうもん》による規約をつくった(10)。

（端裏書）「竜田社一党評定《ひょうじょう》置文」

定め置く　中宮寺盗人の沙汰、落書抜《ひら》き規式の間の事、

一、実証十通以上あるにおいては、実犯の躰《てい》に治定《ちじょう》せしむべし、風聞は三十通をもつて、実証十通に准拠して、その沙汰あるべきなり、一通たりといへども通数未満においては、閣《さしお》かるべきの事、

一、実犯の躰露顕せしめば、たとひ親子・兄弟・所従《しょじゅう》・眷属《けんぞく》たりといへども、相共に発向せしめて、その身においては搦《から》め捕り、住宅においては、即時に焼失せしむべき事、

一、もし強勢の仁ありて、炳誡《へいかい》に拘らずば、寺門ならびに当方一党、落書を捧げ、庄々同心合躰《がったい》せしめて、力の及ぶに随ひ、その沙汰あるべき事、（以下、神文など略）

ここで、とくに注目されるのは、この落書の契約が、同時代に広くみられた「一揆契状」と共通するさまざまな特徴[11]を、すべて備えている、という事実である。

第一に、落書の開票について、「通数未満においては」無効というのは、一揆の意思決定の特徴である、「多分の儀」という多数決制と共通する、共同意思の安定をは

かるための保障であり、

第二に、検断の執行について、「相共に発向」とか「庄々同心合躰」と強調するのは、一揆の行動原理とされる「一味同心」と同じ趣旨であり、

第三に、とくに「親子・兄弟・所従・眷属」にかかわらず、血縁・主従の縁を断って、この規約集団の全体のために行動すべしというのは、一揆の成員の主体性と共同を保障する、「無縁」の場の創出と同じ趣旨であり、

第四に、この規式が、一揆契状と同じく、上部権力の命令や保障によらず、ただ仏神だけに保障を求め違反の監視を委ねる、起請文の形式をとっていることである。

先の大落書でも、開票の規式は、その当日に竜田神社の神前で開かれた、「会向の集会」で決定されていたが、この落書もまた、「評定置文」という外題＝端裏書がよく示すように、おなじく竜田社で開かれた「一党評定」で規式を定め、それを置文＝起請文にまとめたのであった。落書に結集する集団、つまり落書検断という態勢のもつ、一揆的な性格がここに凝集されている。

落書による検断という仕組みが、右の規式に明記されたように、そこに結集する集団の主体性と共同の上に成立していたとすれば、かの大落書の結果の判明と同時に、「会向の集会」を構成する「十七ヵ所」の村々が、独自に「発向」するという、主体

的な検断の執行を開始し、寺側と対立するにいたったのも、けっして特異な事態ではなかったのである。

なお、はじめにあげた大落書のほか、『嘉元記』に見えかくれする一四世紀の中頃の落書の記事に、次のような例がある。

A　暦応二年（一三三九）三月、廿六日夜、天童米の蔵へ盗人入り……廿九日、落書あり、徳丸を搦め取りて、同卅日、白状しおわんぬ、

B　延文元年（一三五六）十二月、神南《じんなん》の西浦山において、打剝《うちは》ぎ殺害、……三月九日、当寺衆分・堂家・両郷、神南庄に下向あり、落書を□□（沙汰カ）する処、南庄の下司の嫡子、落書に入るの間、速にその家を焼失せしめおわんぬ、

C　康安元年（一三六一）六月、盗人沙汰の落書あり、今北の市石丸に治定《ちじよう》せしむの間、住屋は公文《くもん》覚延の沙汰として検断しおわんぬ、

D　貞治二年（一三六三）、禅宗武蔵殿の坊に強盗入る、落書これ在り、盗人顕はれず、解文これ在り、

Aでは、盗難発生の三日後に、落書で犯人の摘発に成功しており、Bでは、三ヵ月

後に、強盗殺人の被害者側の寺と村が、事件の起きた領域外の荘園に乗りこんで、落書によって検断を実現し、Dの強盗事件では、落書で犯人を特定できず、解文に切りかえている。Aは個人の自発的な密告かも知れず、B・C・Dは、さきの大落書のような、集団による公開の落書のようでもある。

もともと落書には、社会や共同体にとって排除すべき人間を除くという役割が期待され、それこそが落書の本質的効用であった、といわれる[12]。とすれば、落書を検断の共同とする上で、その共同意思の発現が個人の密告か組織的かを、あまり厳密に区別する必要はないのかも知れない。

解文と勧賞

さて、在地の検断の様子を探る、次の手掛りは「解文」である。大落書では解文をやってもだめで落書に移行し、Dでは逆に、落書で犯人を特定できないため解文の措置がとられている。おそらく落書と解文は、ともに犯人追及の重要な手段として、同じようなウエイトで、しばしば併用されていたのである。

（1）解文の表記は、「解文を放つ」「解文これ在り」「解文に出す」とか、「下文用途」一二〇貫文、などとみえる。解文は下文とも呼ばれたらしい[13]。解《げ》または解状《げじょう》の語には、「罪人召し取りの文書、逮捕状」という用例がある。[14] 解文の実例もややこれに近いが、むしろ犯人を特定せずに「解文を放つ」、つまり公開の捜査という意味では、たんなる逮捕状とは区別するのが妥当であろう。

（2）解文のもう一つの特徴は、かならず銭＝賞金が伴っていることである。その額は、先の例では、犯行の内容や容疑者の実証の度合によって、上品＝二〇貫文・中品＝一〇貫文・下品＝五貫文という、三つのランクに分けられていた。大落書に「実証之躰ニ、贓物《ぞうぶつ》ヲ副テ出候間、上品之沙汰也トテ、廿貫文出了《おわんぬ》」とあるように、上品のランクは実の犯人と盗品を具備することが要件であったらしい。

解文（下文）を放つという措置は、犯人の摘発ないし密告を、賞金を懸けて、当該の自検断集団を超えて広く呼びかける、検断の公開ないし公開捜査の方式であった、といえよう。検断の公開という点では落書と同じだが、落書に懸賞金が伴っていた例は、まだ知られていない。

（3）問題は解文という措置のもともとの性格であるが、その点で次の事件は注目される。延文二年（一三五七）六月八日の夜、阿伽井坊に盗人が入って、酒・ミソ・鉢・提桶《ひさげ》等がごっそり盗まれる、という事件が起きた。次の日、寺の衆分の沙汰で、西郷の家々から国府後《こうのうしろ》の村まで捜査したところ、国府後の彦二郎・彦三郎兄弟の家で、俵にかくした「盗物」がそっくり見付かった。
寺側は、ただちに盗品を没収し、犯人の家を焼くと同時に、現地の「国府後惣中」に対して、惣中の責任で盗人を搦め出せ、さもなくば一〇貫文を出せ、「其ヲ解文ニ出テ、寺ノ沙汰ニテカラムベシ」と要求した。ところが、その後、国府後惣中から、盗人がつかまるまでは、寺の廻廊の掃除を年に三回、「自役」でつとめます、と「種々歎申」してきた、というのである。
被害当事者である寺側が、近郷の家々を捜査して、盗人の家を突きとめ、盗品を押収し、家焼の検断を執行するとともに、逐電した犯人の身柄の追捕については、現地の「惣中」つまり犯人の住む共同体に対し、
ⓐ　惣中の自検断として犯人の逮捕に責任をもつか、
ⓑ　惣中が一〇貫文の賞金を負担して、寺側に解文の措置を委ねるか、
の選択を求めた。惣中ではⓐの自検断を困難とみてか、ⓑの方式をえらんだが、一〇貫文の拠出もできかねるとして、その代わり、犯人がつかまるまでは、年に三度の寺の廻廊掃除を「自役」で無報酬で奉仕したい、と寺に歎願した、という意味らしい。
この措置を支えているのは、明らかに「惣中」による自検断の慣行の存在であり、ほんらい村で出した犯人の逮捕は、まさに村の「自役」として、その村が責任と義務

を負うべきもので、だから、もし犯人の逃亡などの事情で、検断責任を果たす見通しがなく、その義務を放棄し公開検断に委ねる場合は、自役の代わりに村が解文の賞金を負担する、というのが在地の検断の作法であった。その意味で、自力による追捕も解文（賞金の負担）も、共同体の自浄作用といわれる落書も、ともに自検断＝自役の一環をなしていた、ということができる。

つまり、村内の自検断を超える事件も、すぐに領主の検断に委ねられるのではなく、両者の中間には、解文・懸賞による検断の共同、という強固な慣行が存在していたわけである。

（4）検断の共同という特徴は、賞金調達の方式からもうかがわれる。建武五年（一三三八）七月、寺中で起きた強盗殺人事件で、「下文」の措置がとられ、五〇日ほどして犯人をつかまえた僧には、二〇貫文が与えられ、その「下文用途」は、殺された僧の遺跡から五貫文を充てたほかは、「人別・家別ヲ取」って調達された。大落書でも「寺中ノ家別ヲ取」るという方式がとられていたが、人別・家別の負担の実際は、次のようなものであった。

成業以上・人別百五十文宛、中臈分・人別百文宛、大分・人別百文宛、下臈分以下寺僧・人別五十文宛、刀禰并番匠大工四人・人別五十文宛、此衆ハ家別方除之、両郷家別、卅文宛、寺僧坊ヲバ除之、中綱上四人・五十文宛、自余皆卅文宛、堂童子一﨟二﨟・五十文宛、自余皆卅文宛、

これによれば、「人別」というのは、寺僧を対象として、一五〇文・一〇〇文・五〇文の三段階に区分してかけ、「家別」は「両郷家別」つまり寺の近辺の東・西両郷の住民の家を対象として、郷内にある寺僧の坊や刀禰・番匠大工の家は除外して、中綱・堂童子の上位者だけが五〇文で、他は一律に三〇文、というようにかけられている。

つまり、寺中・両郷の各共同体成員が、それぞれの地位に応じて、公開検断の経費を分担する、という態勢がとられているのである。林屋氏がこの賞金の割当を、その資力に応じた合力とみたように、領主の収取の体系とは区別されていた、とみるのが妥当である。家別の「家」というのは、この地域の長禄二年（一四五八）の置文に[15]、

いしばしの庄百姓の事、大百姓十八人にさだまり候、此百姓ニハうちなくしてハ、ゐゐならず候、たとひうち候へ共、いしばしの庄のうちに田を五反もち候ハでハ、ゐ

ならず候、

とみえるような、「田」の所持とならんで、村落の正規の成員たる「百姓」の標識とされる「家」のことで、自検断の一環としての解文の賞金も、「惣中」の財政を支える「家」役を基礎として、成り立っていたのである。

＊

以上によって、解文と懸賞という検断の共同が村々のあいだに存在していた、という事実が明らかとなった。冒頭の解文・大落書という事例は、一三一〇年のことであるから、自検断の作法としての落書と解文は、おそくも一四世紀のはじめ、鎌倉末には、すでに成立していたことになる。

二　一六世紀の高札と勧賞

一四世紀＝鎌倉末〜南北朝期の大和で、「解文」と呼ばれた検断の方式は、一六世紀＝戦国期に入ると、法隆寺領でも薬師寺領でも、もっぱら「勧賞《かんしよう》《げんしよう》」「高札《たかふだ》《こうさつ》」という形で現われてくる。しかも、勧賞と高札の対象は、すべて盗み・殺人・放火、および博奕《ばくち》のいずれかに限られ、まさしく戦国的な大犯《だいぼん》三ヵ条の検断と、不可分の関係にあったのである。まずその例をあげて、検断の実情に触れてみよう。

法隆寺の場合(16)

A　放火・殺人に過分の高札　天文十年（一五四一）十一月、あいつぐ夜中の放火・辻切り事件を、寺の宿老衆は「連々悪行、先代未聞」として、「即座に札《ふだ》を相認《したた》め、弐拾貫文に放」つという「過分ノ高札」の措置をとった。間もなく二人の容疑者が近郷の足軽につかまり、糺明に白状したので断頭の刑に処し、足軽には勧賞二〇貫文を与えた。なお、勧賞とは別に、首切り役をつとめたえたに、「大刀代」として五〇〇文を支払った。

B　殺人の風聞に高札　同十一年十二月、寺のしもべの子を殺したのは二郎房の甥だ、ともっぱらの風聞だが、証拠がないため「高札」を掲げようとしたところ、証人の通報で、厳科に処し、検断を執行した。

C　殺人に二〇貫文の高札　同十二年十二月、誤殺の事件に、先代未聞として「弐拾貫文の高札に載」せ、犯人調伏の祈禱も行なった。

D　博奕の重犯に高札の成敗　同十四年十月、衆分＝寺役人が郷内の夜廻りで博奕の現行犯一二人を摘発し、そのうち家を持つもの五人は、放火と平罪科（追放）に処したが、博奕宿で追放・検封の前科のある者は、とくに「高札」の成敗とした。

E　盗人に一〇貫文の高札　同十五年正月、寺の童中間が大量の米を盗み出し、一家で逃亡したので、「言語道断の子細」を明記して、「拾貫文の高札に放」った。

F　夜盗に一〇貫文の高札　同十九年十二月、寺の北室《きたむろ》の僧が夜盗をつかまえながら、贓物《ぞうぶつ》＝盗品だけを取り返し、逃がしてやった。寺家では北室の責任で盗人を逮捕するよう求めたが、宿老衆の侘言《わびごと》で罪科＝追放刑とし、犯人は「拾貫文の高札に載」せた。

薬師寺の場合(17)

G　博奕に打入起請《うちいりきしょう》と高札　永禄元年（一五五八）七月、博奕の倍増に、次のような措置を決めた。（1）「打入起請」＝落書によって犯人を探索・逮捕し、生害（死罪）・住屋放火を執行する。（2）もし逃亡すれば、「住屋放火」の上、「高札」を打って「向後、見相《みあい》（見付け）次第に生害（死罪）」と宣言する。（3）今後もし博奕をしたら、宿主もともに「打取」＝切捨とし、犯行を発見し「当座に打取る人躰《にんてい》」には、「褒禄《ほうろく》」三貫文を与えよう、と。

打入起請の例は高札にくらべて少ないが、かなり有効な方法であったらしく、天正十年（一五八二）十一月には、あいつぐ盗人事件に、打入起請の方針を決めただけで、森堂の助四郎が「逐電」したので、かれを盗人と断定し、「罪科」＝追放処分にしたほどである（「引付」）。

H　殺人に一五貫文の勧賞　天文九年（一五四〇）三月、寺領の七条郷の男が尼を殺し屋内を「抑取」る、という事件が起きたとき、「定めの十貫文の外五貫文、寺より可増《（加カ）》あるべし」とし、「同類」＝共犯を「搦め出す躰」にも、同じく定めの一〇貫文に五貫文の加増、と公示した。

I　夜盗に一〇貫文の勧賞　同二十二年（一五五三）五月に起きた、寺内の夜盗事件では、「先例に任せて、拾貫文の勧賞を相裁《（載カ）》」せ、「搦め捕る輩」には、「実否糺明の以後、彼の勧賞相渡さるべき者也」とした（「引付」）。勧賞を「載せる」とは、高札に公示したのである。

J　盗人に一三貫文の勧賞　同二十四年六月、金堂の盗人事件では、「拾貫文の勧賞」のほかに、寺家から「参貫文の勧賞を相カサミ、相裁《（載カ）》せ」られた（「引付」）。所定の勧賞に寺家が三貫文を上乗せする、というのである。

K　強盗に一〇貫文の勧賞　永禄十年（一五六七）二月末の五条地下人の強盗事

件について、「往古よりの勧賞、近般無沙汰の間、新たに先の旨に任せて、十貫文の札」という、勧賞復活の措置をとった。「十貫文の札」とあるように、勧賞は高札で公示された。

＊

以上、一六世紀に大和の二大寺に遺された「引付」類＝検断の記録によれば、「勧文」＝「高札」を掲げ「勧賞」を懸けて、犯人を追捕することは、ごく日常的に行なわれて、検断の土台のような地位を占めていた。一四世紀の「解文」は「勧文」＝「高札」と呼び名を変えるが、その実態はよく似ているらしく、懸賞をかけた検断はけっして法隆寺だけの特例でなかったのである。落書も「打入起請」と呼ばれて、相変らず行なわれてはいるが、高札の措置が多くなるのにくらべれば、その例はむしろ少なくなっている。

勧文と高札

さて、まず高札はどのような手続きで作成され、そこには何が書かれていたか。ここに、その事情をよくうかがわせる珍しい例がある(18)。

大永五年（一五二五）夏に、法隆寺領の播磨鵤《いかるが》庄の平方条で、「田ノ水」をひそかに「切落」す、水盗み事件が起きた。この庄に駐在する政所《まんどころ》（庄官、法隆寺の僧）が、二人の水番を「召捕」って再尋問すると、用水の切落しをやらせた「本人」は奥村の三郎兵衛で、同村の八郎兵衛・九郎衛門の二人も「同類」だ、と「白状」した。そこで、彼らを「召捕」って「誅罰」＝死罪にしようとしたが、三人とも「逐電」してしまったので、政所は犯人の「私宅」の「検断」だけを執行した。家財を没収し家を焼いたのである。

その数日後、「逐電」した犯人たちの身柄の処分をめぐって、こんどは「地下衆」つまり村人たちが政所で「集会評定」を開き、「前代未聞の重科、これに過ぐべからざるの間、庄例に任せて、勧文《かんもん》に放たるべし」と「群議」し、ただちに「高札を相認《したた》め、大寺本堂に打つ」、という措置をとった。ここから、「勧文」というのは文書の機能上の呼び名で、「高札」はそれを公示する形式を表わしていた、と知られよう。

犯人の家の検断はもともと領主の権限だが、逃げた犯人の追捕はほんらい村側の責任であるから、六ヵ村の「地下衆」が独自に集会を開いて、「庄例」に従って「勧文に放つ」ことを決議し、執行したのである。一四世紀の国府後の惣中にみられた自検断の作法が、ここでも生きており、この「勧文に放つ」という表現も、あの「解文に放つ」とよく似ている。

その「高札」に書かれた「勧文」は、次のようなものであった。

放つ　勧文の事　〔袖判、政所これを沙汰す〕
右子細は、当庄平方村内の田地用水を切落すの条、希代《きだい》未聞の次第也、誡《いまし》めて猶《なお》余りある者哉《か》、所詮、彼の犯過人、奥村の三郎兵衛を誅出する輩においては、実検の後、五貫文の勧賞を宛行《あてが》うべき者也、同村の八郎兵衛を誅出する輩においては、□□文の勧賞を宛行うべき者也、仍て下知、件の如し、
大永五年七月日　〔村役人三人の判形《はんぎょう》□□□〕

この文書の形式は、冒頭の「放つ」を「下す」に置きかえてみれば明らかなように、袖判の下文と同じである。「勧文」は「下文」の形式をとった文書であった、とみることができよう。一四世紀の「解文」が「下文」とも呼ばれていたことが想起される。

政所（時の在庄は暁秀）が袖に判＝花押をすえたのは、庄園領主側の代表として、「地下衆」の「群議」に承認を与えた形であるが、日付けの下に連署する「役人」たちは、この高札を執行する村々の有力者であるから、政所の役人というよりは、むし

である。

ろ「地下衆」の「評定」を代表したもの、とみるのが妥当であろう。庄例による検断といっても、こうした地下衆の主体的な関与と共同なしには、成立しえなかったのであろう。

「勧文」の文面は、犯罪の種類と犯人の名前を明記して、その「重科」を宣告し、勧賞つきであることを記して、公開捜査つまり検断の公開を告知する、という内容である。る。「勧賞」額は主犯に五貫文で、共犯には差がつけられているらしいが、原本に欠損があって、金額はわからない。水盗人に五貫文といえば、一四世紀の法隆寺の「下品」に相当し、稲盗人の勧賞と同額である。

また注目されるのは、この「勧文」が犯人を殺せという「誅出」の成敗を勧賞の条件として明示していることである。この点は、次にみるように、法隆寺の法が一貫して犯人の「搦出」つまり逮捕連行を条件とし、「切殺」を禁止もしくは抑制しようとして、勧賞額にも四〜六割の減額という差をつけ、在地の現行犯処刑の慣行と対立していたのと対照的で、この庄の高札・勧賞という公開検断の担い手が、在地の村落側にあったことをよく示している。

高札の機能

先の実例A～Kをもとに、戦国の法隆寺・薬師寺の高札の特徴をまとめてみよう。

（1）高札の対象となる犯罪は、殺人・盗み・放火という戦国期の大犯三ヵ条と博奕の重犯だけに限られ、犯人が不明のときや犯人逃亡の場合には、一四世紀と同じく、打入起請＝落書や勧文＝高札の措置がとられているが、高札が目立つようになり、前者の例はあまり多くない。

（2）勧文つまり高札には、重科・厳科・言語道断の子細・断頭・先代未聞・成敗というように、重罪の宣告が必ず明記される。犯人の重科を広く公にすることが高札の基本的な機能の一つであった。「成敗、高札の分にて在るべし」とか「高札に載せ成敗」という表現からみて、高札を放つこと自体が、反社会的な行為を犯した村人に対する、辱め＝社会的制裁を意味した[19]。

（3）犯人の帰属する共同体と本人の名前は、判明しているばあいにはかならず明記され、高札は公開の指名手配という性格をおびた。しかし、実際には犯人不明のばあいに、懸賞金をかけて容疑者や犯人の摘発、とくに密告を呼びかけるのが、高札のより基本的な機能であった。勧文＝高札と落書はともに、こうした内側からの犯人の摘発、という機能をもつことから、しばしば相互に関連して採用された。

（4）高札に「向後、見相次第に生害なさるべし」と明記するのは、共同体が成員に対する保護義務を放棄したことを、内外に宣言するものにほかならなかった。この宣告は、(2)の辱め=公の叱責とともに、犯人や容疑者をその帰属する共同体(一族・村・郷・庄・領など)から排除させる機能を果たした。それは、平和喪失つまり法の保護の剝奪を意味する、ドイツ中世のアハト刑=フォーゲルフライの宣告とよく似ている。

(5)高札のもう一つのねらいに、「もし同類たりといえども、搦め出す輩においては、その過を免れ、勧賞あるべし」という、「同類」の免罪規定がある。殺人事件の共犯者でも、一味を連行すればその罪を免除し、勧賞までも与える(ただし寺僧が共犯の場合、免除の特例は適用しない)というのである。このような免罪規定が明記されない高札の勧賞にも、同類免罪が自明の前提とされていた可能性がある。この種の規定は、むしろ後にみる同時代の村落の法に顕著に現われ、同類の密告奨励が検断=勧賞の基本であったらしい形跡を強くうかがわせる。

勧賞の仕組み

(1)高札に掲げられる懸賞金は、ふつう勧賞・献賞と呼ばれた。その額は、殺人・盗み・放火という「大犯三ヵ条」の場合、一四世紀の「中品」に相当する、一〇貫文というのが「定」＝標準であった。事犯によって五貫文＝下品、二〇貫文＝上品と上下があり、寺僧にはときに賞金の代わりに「昇進」が約束された。薬師寺では、しばしば寺の負担で三〜五貫文の「加増」が行なわれ、三〇貫文の勧賞という例もあり、元亀年中（一五七〇〜七三）からは現米の褒美に変る。

（２）「当座」の突発的な事件の手柄にも、賞金が与えられる慣例で、ふつう勧賞のほか、褒禄・褒美・粉骨などとも呼ばれ、支給される額も四〜六割減と、差がつけられていた。たとえば「当座の勧賞弐貫文」「当座に地下へ、ビタ壱貫文の粉骨」というのがそれである。

こうした「当座」の褒美の事例からみて、もともと勧賞という慣行が、高札の有無とは関係なしに、一般に行なわれていたとすれば、その意味するところは重要である。もし、いつでも犯人をつかまえれば、犯人の属する共同体や領主から褒美がもらえたというのであれば、それこそが、自検断の実現をその底で支えていた、中世社会の古い習わしであったに相違なく、高札＝勧賞というような公然たる検断措置も、じつはそこから派生した一つの方式に過ぎない、ということになるからである。

（３）勧賞の要件の一つは、寺の場合「人躰」つまり犯人の身柄の「搦出」である。容疑者・犯人は捕えて寺に突き出すのが原則とされ、犯人の「打捨」は禁止された。

もしやむなく殺した場合には、たとえ高札の勧賞でも、当座の勧賞並みに、大幅に減額された。荘園領主側は一貫して逮捕・尋問・白状・処刑という検断手続きを重視し、村レヴェルに行なわれた現行犯処刑の慣行と対立していたのである。

（4）勧賞の要件の二つ目として、薬師寺のばあいに、勧賞の払われない例があって、注目される。

＊九条郷内の助四郎の家に入った盗人を、地下人が出合って打ち留め、その首を寺に届けたところ、寺側は「各々出合い、当座に打留むる間、勧賞以下渡さず」と決定した。（天文六年）

＊七条郷内の堂坊主の家に入った盗人を、地下人が出合って搦め取り、寺家に引き渡したが、勧賞を請求したところ、拒否された。（天正十三年、以上「引付」）

＊六条郷で何か事件が起き、寺僧・侍衆と地下人が「出合」う態勢をとり、地下人が犯人を寺へつき出したが、「献賞、先年のごとく給るべし」とか「搦出す時は、例のごとく十貫文を」という、勧賞の請求は拒否されてしまった。（天文八年）

寺が勧賞を拒否する理由は、犯人の追捕が「地下人出合」つまり村共同体の自検断権の発動の一環として実現されたばあいには、たとえ犯人をつかまえたのが個人でも、勧賞は支給されない、というものであったらしい。とすれば、勧賞というのは、ほんらい個人的な犯罪摘発に対する褒賞であり、村落による集団的な自検断権の行使を対象とするものではない、ということになる。[20]

勧賞の規定がしばしば密告した同類の免罪条項を伴っているのも、勧賞のねらいや期待が、同類・同族など共同体内部からの、個人的な密告にあった、という事実を示唆する。

(5)勧賞の銭や米はだれが負担したか。天文二十二年(一五五三)五月、薬師寺の実宝院に夜盗が入り、一〇貫文の勧賞という高札の措置がとられた。ところが、その勧賞金の調達をめぐって問題が起きた。寺は先規に従って「領中」に「盗人勧賞棟《むな》別《べつ》」を懸けたが、「領中の者共」は、寺僧衆が出さない以上、「郷民ばかり」が出すことはない、と難渋を示した。その実情は、中綱《ちゅうごう》・承仕《じょうじ》・仕丁《じちょう》など在郷の寺僧衆が、寺家への奉公を理由に「盗人棟別」免除の訴訟を起したため、地下人たちも訴訟したものらしい。しかし、寺では「盗人棟別」に限って一切の例外を認めず、先例に従い「惣領中へ譴責あるべし」と決した。

この「盗人勧賞棟別」あるいは「盗人棟別」という、家別にかける方式は、一四世紀の「両郷家別」と同じもので、中綱・仕丁など、在郷の寺僧衆が盗人棟別の免除を訴え出たというのも、一四世紀の法隆寺で「両郷家別」賦課の際（一五〇頁参照）、「中綱・仕丁は歎き申すによつて沙汰なし」という措置がとられているのと、よく似ている。

勧賞というのは、荘園領主薬師寺の検断権の執行に伴う、寺からの支出ではなく、「盗人勧賞棟別」と呼ばれて、領主の通常の収取とははっきり区別され、事件の発生のつど臨時に、村に住む寺僧と地下人（家＝かまどをもつ百姓）すべてが、家別に負担すべき費用とされていたのである。

しかも、「盗人勧賞棟別」は、検断の全経費をまかなうべきものではなく、所定の勧賞の支給だけに充てられた。寺の裁量できめる「加増」や当座の「粉骨」などは、すべて寺が負担したし、「断頭」「鼻・耳成敗」「タブサ《（髻）》キリハナシ」などの身体刑を執行する、「宿《しゅく》」の者に与えられる「太刀代」などの検断費用は、「往古より、反米《たんまい》方より沙汰」すべきものとされ、領主の収取から支出される例であった。勧賞は寺の検断費用からも自立して、領内共同の支出として存在し、在地の共同利害・共同検断の実現を支える、重要な物質的基礎をなしていたのである。

三　村の検断と褒美

褒美と補償

中世の村は、作荒しの盗みと博奕にとりわけ厳しい目を向け、そのために、しばしば独自の村掟をつくって、犯罪や犯人の発見・密告・成敗など、村の検断に村人たちの自発的な協力を期待し、個人の手柄には、村としてさまざまな褒美の措置を定めていた。褒美こそは自検断の基礎であった、といってもよい。まずは、いくつかの例をあげて、その実情に触れてみよう。

A　永禄九年（一五六六）、近江甲賀郡、柏木三方同名中惣の「申合条々[21]」

一、咎人《とがにん》を告知する仁躰は、たとひ同類たりといへども、其の咎を除き、拾貫・一振、褒美すべし、但し、咎により軽重あるべき事、

ここでは、とくに同類の密告を奨励して、罪の免除ないし軽減のほかに、褒美として銭一〇貫文と刀一振を与える、というのである。

B　天正十六年（一五八八）、近江今堀惣分の「おき目」[22]（原文のまま）

一、田・のらの物ぬ《(す脱カ)》ミとり候をミつけ、しとめ《(仕留)》候ハヽ、ひるハ壱石五斗八木《はちぼく》、よるにて候ハヽ、三石、ほうひ可仕候事、
一、内《(家)》へ参ぬ人も、同事にて候、
一、いね《(稲)》、よい《(宵)》之六ツいせん、又あか《(暁)》月六ツいせんニ、もち候てとおり候ハヽ、同ざいくわ《(罪科)》に《(こ脱カ)》おない可申候事、

第一に、田畑の作を荒らす盗人を発見し、討ち果たしたばあいの褒美の米を定め、ついで第二・三条では、家に入った盗人や夜闇に稲を運ぶ者についても、これに準じるとする。

C　文禄二年（一五九三）、和泉唐国村の「一札之事」[23]

村山の松木・下草・柴・夏草等の山掟に背くものは、
見付け次第、其者を在所へ改め参るべく候間、米・納升《おさめます》壱斗、与頭《くみがしら》より出し、五升は村中へ、残る五升は、見付け申す者の方へ、取り申すべく候、

つまり、その違法者を出した「組」の「組頭」の責任で、科料の米一斗を「村中」と発見者に半分ずつ払え、というのである。

D　元和九年（一六二三）、近江一色村の「置目」[24]

一、ぬすみをいたし候もの、見付け候はゞ、惣中よりほうびとして、村升壱石のげん米、慥《たしか》に相渡し申すべく候事、

これには「村中残らず、くみ合かはん《加判》」し、盗人を見付けた者には「惣中」から米一石の褒美を出そう、というのである。

E　寛永三年（一六二六）、紀伊安楽川庄年寄中「定法度」[25]

一、たとい同類たりといへども、つげしらするにをいては、ほうびとして、銀子百目遣すべき者也、

これは、博奕を禁じ同類の密告に期待した、褒美の定めである。

＊

また、村々では、他村とのあいだの出入・相論など紛争に関しても、村人の「高《こう》名《みよう》」や「不慮」の犠牲に、褒美や補償や救済の措置を講じていた。

F　天正十年（一五八二）、近江安治《あわじ》村惣中「条々掟目(26)」

一、今度、芦の儀に付て、彼方より何かと申し、取に来られ候共、一味同心に申合せ、相渡す間敷《まじ》き事、……高名仕り候はば、惣中より、ほうび申すべき事、

村境の芦の採取でいつも起きる隣村との衝突、つまり山野の相論に備えた村定めで、武力衝突の際に手柄をたてた者には、「惣中」として褒美を与えよう、というのである(27)。

G　寛永二年（一六二五）、近江蛇溝《へびみぞ》村の「惣中置目(28)」

一、他郷と出入これ在る刻、惣中一味同心仕る上は、たれに寄らず、ひきやう(卑怯)仕る事、惣別の目に余り候はば、永代地下《じげ》をはづし申すべく候事、

一、自然、不慮に相はて(果)候はば、おやにても、子にても、其の身一代無役仕り、其

の上、二石ほうび仕るべく候、
付、ておい《手負》候衆は、地下より役領申付べく候、則かう《耕》作は地下より仕るべく候、

その一は、惣中の規律違反に対する罰則で、他郷との紛争で「惣中」の一味同心にはずれる卑怯者は、惣中から排除する、というのである。その二は、惣中の犠牲に対する補償規定で、死亡の場合は、その親でも子でも、一代のあいだは村役を免除し、さらに二石の褒美米を出す。負傷の場合は、役料＝公事・村役も、所持地の耕作も、すべて地下＝惣中で肩代わりする、というのである。

＊

このように、中世末から近世にかけての村には、村むら＝共同体内の検断にも、村落間＝共同体外との軍事にも、ともに対処しうる、独自の褒美と制裁の習わしや規範が、明らかに形づくられていた。褒美の措置は、そうした村の態勢の核心に位置していた。

「惣中」の強調する「一味同心」の基礎には、惣中に殉ずる村人の犠牲に、褒美や補償を与え、村役も耕作も全面的に惣中で肩代わりするという、文字通り「村請」の態

勢が形づくられていた。それは、惣中からの逸脱に対する制裁、すなわち「卑怯」という辱めの烙印をおし、「地下をはづす」という、共同体からの排除・追放の措置と、まさしく表裏の関係にあった。いま、このような村の姿を、あらためて「自検断」の態勢と呼びたいと思う。

これまでの中世の村の研究では、惣村の成り立ちの枠組みとして、このうち制裁＝惣規制の側面につよく注目してきたが、自立した村の主体的な行動力を幅広く検証し、行動の仕組みを明らかにしようとするなら、この褒美や補償（セーフティネット）の態勢にも、新たな追究の目を向ける必要があるだろう。

以下、A～Gにみえる、村の検断と褒美の断面を、まとめて検討してみよう。

褒美と密告

村で褒美の対象とされる犯罪に、とくに作荒しと博奕が大きな比重を占めているのは、村の検断らしい大きな特徴である。褒美の額が銭五貫文ないし一〇貫文、あるいは米一斗ないし三石というのも、同類＝共犯の咎を減免するというのも、戦国期の大和の寺々でみた、勧賞の制度と似ている。中世の自検断を支える褒美や勧賞の仕組みに、かなり広く（事例からいえば近畿地方に）共通の社会的な慣行が成立していたに

ちがいない。(29)

ただ、褒美といっても、村では高札をかけた検断の事例が、さきにみた播磨の鵤庄（二五五頁）のほかは、まだ知られない。つまり高札なしの褒美の例の方が一般的なのである。やはり、すでに大和の例でも推測した通り、罪人をつかまえれば褒美が出るというのが、中世に行きわたった習俗＝検断の土台であったと、ほとんど断定してもよいのではあるまいか。

褒美の調達については、D・Fに「惣中よりほうび」といい、Gでも「地下より役領中付べく」とか「かう作は地下より仕るべく」というように、補償の態勢と同じく、惣中＝地下つまり村の責任で行なわれた。

検断の村掟でとくに注目されるのは、A・Eのように、しばしば同類の免罪を特記している事実である。Aは犯罪者の密告を奨励して、同類でも罪を免除ないし軽減し、さらに褒美として一〇貫文もの銭や刀一振までも与えようといい、Eは同類によ る密告に褒美とだけあるが、これまた、同類の罪の減免が予定されていた、とみなければ辻褄が合わない。

どうやらこの褒美という検断の仕組みもまた、同類の告白をはじめとする、村共同体の内部からの自発的な密告、つまり共同体のもつ自浄の作用に、もっぱら期待して成り立っていた形跡が濃厚である。その意味で村の褒美は、かの「落書」の習俗とも、「解文」=「勧賞」の慣行とも、その底で一つにつながっていた、ということができるのではあるまいか。

Cで山掟に違反したら、その与頭が納升壱斗の米を供出するとか、「何の与《くみ》にても、組頭越度《おつと》に申し渡す事」と明記されるのも、犯罪はその在所=与=組の連帯責任である、という慣行ないし観念が、共同体の中に早くから存在したことをよくうかがわせる。それは、一四世紀はじめに、盗人を出した国府後の「惣中」が、犯人追捕の責任を取る=自検断か、あるいは勧賞一〇貫文を出す=褒美自弁か、の択一を求められているのと、同じ事態とみることができる。

こうして、勧賞や褒美の慣行は古くさかのぼる形勢であるが(30)、Cで科料の米の半分が「村中」のもの、半分は発見者・密告者のものというのは、検断の得分が検断権者と執行者の折半、という早くからの慣行とよく似ていて注目される。どちらが先といまは断定できないが、もともと検断物を分けあう習わしが、このような村の検断と褒美の仕組みに由来する可能性も想定されてよい。

なお、Aの刀一振というのは、刀が中世の村社会においては重要な身分標識であったとみられるだけに、身分変更の措置とみる余地もあり、薬師寺領で盗人成敗=断頭の執行料が太刀代の名目で呼ばれていることから、背後に刀をめぐる共通の儀礼や慣行が存在していた可能性もある。

発向の武力

Bでは作荒しと家盗人について、「しとめ」ることを原則とするが、ほかに、博奕にも「生害」「成敗」を明記している例があって、犯人の搦出・糺明を原則とする、薬師寺などの荘園領主法とは対照的である。

延徳三年（一四九一）、紀伊粉河寺領東村「地下之定せいほう《制法》」が、

若とう《盗》人候ハヽ、見やい《あ》ニうつ《討》可《べき》ものなり、若御とかめ《咎》候ハヽ、地下より御わひ事申可候、

と定めたように（原文のまま）、中世の村は盗人の成敗権を、犯人の搦出・白状を原則とする荘園領主法とは対抗的に行使していたのである。それを支えていたのが、「地下としてはんかう《発向》ある可」（文亀二年＝一五〇二）という、村の武力の保持とその行使の態勢であった。(31)

そうした村の実像を、村による盗人成敗権の行使を公然と認めた、初期の羽柴秀吉の法がじつによく伝えている。[32]

一、当所誰々身上に寄らず、地下人の内、出家・侍・百姓たりといへども、曲事を申す族《やから》これ在らば、惣在所衆押よせ、生害に及ぶべく候、（中略）
一、とう(盗)人の事、其の仁生害は申すに及ばず候、ならびに、くせ物宥《ゆる》し仕《つかわ》し候はば、とう人同前たるべき事、
一、惣在所の内、誰々の身上なりといふとも、何方よりも無理の儀申し懸けられ候はば、惣地下人指しより(寄)、相理《ことわ》るべき事、

「惣在所衆押よせ、生害に及ぶべく」とか、「其の仁生害は申すに及ばず」「惣地下人指しより、相理るべき」という、ここに秀吉が明記した村の治安維持の態勢は、明らかに中世の村の自検断の慣行につよく規定され、村が日常的にそなえる村の武力と発向の態勢を土台として成立していた、と断定してもよいであろう。

　ところが近世になると、村や村人に盗人の追捕権ないし追捕責任はあっても、公然たる成敗＝死刑を執行するには領主の許可がいる、というような事態がしだいに広が

っていく。

Eの一六二六年の掟が、博奕犯人の「打ころし」を前提としながらも、「御給人様《きゆうにん》へ御意《ぎよい》を得、打ころし申すべき事」といい、村で犯人を処刑するには、領主に届け出て許可を得てから、と付記したのがそれである。また、元和二年（一六一六）の「堅田舟頭中掟」が「諸浦より上下の荷物ぬすミ」の処分として、舟主からの舟の没収とともに「公儀へも相理り申すべし」と定めているのも、おそらく同じことであろう。(33)

この「人を殺す権利」の制約という事態は、中世の村と近世の村はどこが違うかを問う上で、大切な指標となるにちがいない。

おわりに

おそくとも一四世紀はじめには、共同体内部の検断、つまり村の「大犯三ヵ条」の犯人の追捕は、村全体の共同の「役」であり義務である、とする習俗が村々にはたしかにあったようである。だから、「自役」として検断を執行するばあいは、褒賞の対象にはならなかったが、個人の自発的な手柄や働きには、村から褒美が与えられ、村共同体の成員はその負担を「家」の役として、割り当てられ納めることで、均しく自役=検断の義務を果たした、とみなされたのである。それは、共同体外との軍事、つまり合戦相論・喧嘩出入の手柄や犠牲に対する、褒美や補償の態勢とも、おそらく一体をなしていた。

追捕が村の検断能力を超えるとみられたときは、一揆のような落書や懸賞金をかけた高札など、さまざまな公開検断に委ねられ、密告を含む共同体の自浄能力に、とくに大きな期待がかけられた。解文や高札のような慣行の底には、罪人をつかまえれば褒美がもらえる、という習俗が中世の社会に広く深く根づいていたようである。

中世の村々の検断の実現は、個々の村の自検断から領主の検断権へというように、まっすぐに直結するタテの体系をなしていたわけではなく、村の自検断の外側に重層してそれを包む、領域を超えたヨコの検断の共同がつねに機能して、自検断の実現を支えていた。荘園領主たちの検断権もこれに関与し、依存することで維持されていたのであった。

この態勢は、村々の境界や山野川水などの合戦相論にみられた「合力」の態勢とも、おそらく不可分のかたちで重なりあっていた。相論の共同と検断の共同という、村々の紛争解決の慣行は、ともに自検断の態勢として、もともと一体のものであったにちがいない。

注

（1）『中世政治社会思想』上、四〇三頁頭注、参照。
（2）渡辺澄夫「中世社寺を中心とせる落書起請に就いて」『史学雑誌』五六―三。
（3）『鵤叢刊』第三、『史籍集覧』廿四冊。
（4）「南北朝時代の法隆寺と東西両郷」『中世文化の基調』。
（5）「中世の法隆寺と寺辺民衆」『部落史研究』七六。
（6）小著『豊臣平和令と戦国社会』一二六頁以下、参照。
（7）天正十六年七月、今堀惣分「おき目」「今堀日吉神社文書」、なお詳しくは第三節参照。
（8）清水紘一「キリシタン訴人褒賞制について」『キリシタン研究』一七、樋口慶子氏のご教示による。
（9）「中世社会における風聞と検断」『歴史学研究』五五三。
（10）「法隆寺文書」『中世政治社会思想』下、三五〇頁。なお、酒井前掲論文参照。
（11）勝俣鎮夫『戦国法成立史論』一八七～二四二頁。
（12）千々和到「中世民衆の意識と思想」『一揆』4。
（13）「犯人」を特定して「下文」を放つ例はすでに『大神宮諸雑事記』康平二年（一〇五九）十月廿三日条にみえているから（勝又寿久氏のご教示による）、中世以前にかなりさかのぼる可能性が大きい。
（14）『日本国語大辞典』（小学館）の当該項目。
（15）大方保氏所蔵文書。
（16）法隆寺「衆分成敗之間曳付」東京大学史料編纂所架蔵写真帳。林幹弥『太子信仰の研究』を参照。
（17）「薬師寺上下公文所要録」（田中稔・永野温子編、『史学雑誌』七九―五）および「中下﨟検断之引付」（田中稔編、奈良国立文化財研究所学報『研究論集』Ⅱ）、以下の引用は、主に「公文所要録」により、

「引付」による場合のみ、本文に注記する。

(18) 斑鳩寺所蔵「鵤庄引付」、( ) 内は原注記、窪田涼子氏のご教示による。

(19) サイモン・ロバーツ『秩序と紛争』第四章八一〜八三頁、参照。

(20) 弘安元年(一二七八)に「強盗人(丹波)大山庄に打入る処、土民等起合しめ禦戦」とみえるから(『鎌倉遺文』一三二六五)、「地下人出合」の起源はかなり古いのである。

(21) 全八ヵ条、「山中文書」三。

(22) 全三ヵ条、「今堀日吉神社文書」『中世政治社会思想』下。

(23) 全五ヵ条、京都大学法学部日本法制史資料、『和泉市史』二。

(24) 全三ヵ条、「市原村一色共有文書」『中世政治社会思想』下。

(25) 全四ヵ条、岡家文書・高野山文書、『中世政治社会思想』下。

(26) 全三ヵ条、「安治区有文書」『中世政治社会思想』下。

(27) 文禄二年(一五九三)安治村は漁場紛争の犠牲者の子に「水帳田地分やくぎ」の「壱代めんきよ惣中より遣」すという補償措置をとった(安治区有文書、小稿「村の当知行」、『村と領主の戦国世界』所収、参照)。

(28) 「蛇溝町共有文書」『八日市市史』6。なお、水本邦彦「村共同体と村支配」(『講座日本歴史』5)はこの置目を、村役に媒介された村と村人との関係を端的に物語るものとして注目し、出入=喧嘩への参加も村役の一環であり、村で生きるための条件であるとみた。

(29) なお、Bは犯罪と褒美の軽重を分かつものとして、夜と昼の区分をあげ、昼夜の境を朝・夕の六時《むつどき》とした。おなじ近江の上大森(蒲生郡玉緒村・現滋賀県東近江市)惣分の「定置目条々」にも、「よいの六時より後、一切作之物取不可来事」、「朝六より前、野らへ不可出事」という、よく似た例がみえている(天正十三年「上大森共有文書」『中世政治社会思想』下)。夜と昼の検断を区別し、夜盗の処刑への褒美を昼の倍額としているのは、夜は五石・日中は三石と定めた、薬師寺の山盗みの法ともよく似ていて、この習俗の広がりをうかがわせる。

(30) 古代の検断の褒美には、貞観六年（八六四）三月二十四日の太政官符（『類聚三代格』巻十九）が「人衆猥雑の処」にも「捕獲の賞」をもって盗賊を早く探索せよといい、寛弘六年（一〇〇九）二月二十日の太政官符（『政事要略』巻七十）も、「在所」に「（犯人）捕獲の輩は、其の品秩に随ひ、将に勧賞を加ふべし」と定める、等の事例がみられる（野田嶺志氏のご教示による）。

(31) 以上は「王子神社文書」『和歌山県史』中世史料一、『中世政治社会思想』下。

(32) 天正二年（一五七四）三月、羽柴秀吉「在所掟」（「雨森文書」『東浅井郡志』四）。

(33) 「居初庫太氏所蔵文書」『中世政治社会思想』下。

付記

古代の律令のうち「捕亡令《ぶもうりょう》」第廿八の第五「糺捉盗賊条」には、盗賊を告発・逮捕した者や共犯者への褒賞を規定して、

凡そ盗賊を糺《ただ》し捉へ（告発・逮捕し）たらば、徴《はた》らむ所の倍贓《べいぞう》（盗品の倍額の財物）は、皆糺し捉へたらむ人に賞《たま》へ。家貧しくして徴るべきに財《たから》無からむ、及び法（赦・降）に依りて倍贓徴るべからずは、並びに得たらむ所の正贓（盗品）を計《かぞ》へて、准《なずら》へて五分に為《つく》れ。二分を以て、糺し捉へたる人に賞へ。即ち官人検校（職務）に因《よ》れるに非ずして、別に糺し捉へたらむ、幷《あわ》せて共に盗みし（共犯者）、及び情《こころ》を知らむ主人《しゅにん》（事情を知りながら犯人を隠匿する人）の首告《しゅごう》（自首・告発）せば、亦賞ふ例に依れ。

と定めている（読み下し・注記ともに、日本思想大系3『律令』四四八頁）。館鼻誠氏のご教示による。

第七章　逐電と放状

逐電といえば、中世にはごく普通にみられる言葉で、『邦訳日葡辞書』チクテンの項には、「ひそかに遁走し、または、身をひそめて消え失せたり、姿をかくしたりすること」とある。

さきにわたくしは、検断の領域にみられる逐電の中に、「ひそかな遁走」とは明らかにちがう、中世の村の紛争処理にかかわる、興味ある習俗のひそんでいることを突きとめた。[1] そうした逐電は、ときに隠形《おんぎょう》とも呼ばれたように、その語感はむしろ「身をひそめる」に近い。

また、所務の領域で、逐電は「郷百姓等……増分迷惑致し、逐電」というように、しばしば逃散《ちょうさん》とよく似た意味に使われるところから、中世の農民闘争史のキイワードとも目されている。[2] 中世の逐電という言葉は、もともとかなり多義的で、実態もさまざまであったらしい。

中世の紛争処理の習わしで、「身をひそめる」といえば、「面ヲバカコ《(囲)》キテ、家内ニハ住ス」という名主・百姓の「逃散」や、「御宝前《ほうぜん》エ取籠《こも》」るという政所僧《まんどころ》の「閉《へい》門《もん》」など、内に籠る習俗がよく知られるが、(3)この逐電は、逆に共同体の外に出るのである。

以下、とくに検断の領域で、逐電と呼ばれた、共同体による紛争解決の習俗について、もう少し詳しく検討してみよう。

＊

A　天文九年（一五四〇）四月、先に木沢方の下人を殺し「逐電」していた川那部三郎左衛門が、石山本願寺の証如《しょうにょ》に「召出」された。(4)

事件の発端は、同六年に住吉の路次で起きた、当座の喧嘩であったが、相手の木沢方はその報復に、石山の寺内への交通路を封鎖し「当山往還の輩」（参詣者）をすべて阻止する措置をとったため、「通路なき様に候ツ」という状況となってしまった。やむなく本願寺も、喧嘩当事者の川那部を「先づ隠形候はでは成るべからず」「先づ逐電の分にて、彼方の儀申し調へ候はでは、成りがたき事」と判断するにいたった。もはや逐電ということで事態を収拾するしかあるまい、というのである。

そこで、翌七年三月、証如は本人を呼んでその旨をよく「申聞」かせたうえで、木沢方に「川三左（川那部三郎左衛門）公事《くじ》、愚身一向知らず候キ、……川三如何《いかが》分別候哉、隠形候」と、自分はこの件に関与していないと強調しつつ、本人の隠形＝逐電の事実を通告して、「往還」封鎖の解除を要求した。すると、やがて木沢方も「川三左事、逐電の上は、是非を申すべき儀これ無し」(逐電してしまった以上は、しょうがない)とこれを諒承し、四月中ごろに路次の封鎖を解除した。

それからまる二年のあいだ、どこかへ逐電していた川那部は、九年四月のこの日、ふたたび証如に「召出」され、寺内への復帰を許されたのであった。(5) この逐電には、あらかじめ期限や行く先までも言い含められていた可能性が大きく、しかも「召出」という地位回復の措置を伴っていたのである。

この逐電は、公式には飽くまでも一個人の「ひそかな遁走」にすぎないが、その実質は、紛争の相手方に、下手人の引き渡し・処刑を含む、報復措置を止めさせることを目的とした、領域の平和のための、期限付きの追放措置にほかならなかった。

B　天正元年(一五七三)末、草刈場をめぐる弓矢相論《そうろん》で、相手方の村人から「脇《わき》指取《ざし》」をした、近江甲賀郡五反田の村人が郡レヴェルの「野寄合《のよりあい》」の「判談」によって、「当月廿五日より召放たれ、来る亥(天正三)年二月廿五日に召返すべく候事」という制裁をうけた。(6)

「脇指取」という相手方の名誉を損なう反社会的な行為の処罰として、「召返」を前提に、一四ヵ月のあいだ村から「召放」つ、というのである。Bの村からの「召放」は、Aの寺内からの「隠形」の措置によく似ているし、また「召返」は証如の「召出」と、おそらく同じものであろう(7)。

　中世でふつう「罪科」といえば追放の刑を意味するほどに、共同体からの追放は刑罰の基本をなしていたが、じっさいは期限付きから無期ないし終身まで、さまざまな追放があり、その中には、このA・Bのような、領域や共同体間の紛争解決のための、期限付き追放という制裁慣行も含まれていたのである。

　C　天正八年（一五八〇）夏、大和法隆寺にほど近い小吉田村の百姓が、となりの五百井《いおのい》村懸りの井手＝用水路の「分石」を動かし、こっそり水盗みをした。これを知った五百井村から、相手方の庄屋にきびしく抗議し、犯人の成敗を要求すると、本人は「逐電」してしまった、という。そこで、「曲事《くせごと》人」については、その「家を放火」し、また小吉田の地頭の立野氏が五百井方の領主宛に、次のような「放状」を書いて落着した。いまも五百井に伝存する「放状」の本文は、

　今度、吉田の水斗《はかり》の石いろい申す、曲事人又三郎、成敗仕るべき処に、既に逐電致し候、此の上は何共料簡《りょうけん》に及ばず候、然れば、御才覚次第に、御成敗なさるべく

候、恐々謹言、

というもので、犯人逐電の事実を正式に通告するとともに、この共同体の成員に対する保護の喪失、つまり村との絶縁を宣言し、相手方に犯人の成敗を無条件に認めたのである。(8)

ふつう放状《はなちじょう》といえば、①土地の権利の引き渡し証文を指すことが多く、(9)また近年は、②主従関係を断つことを証明する文書も、放状《はなしじょう》と呼ばれたことが明らかにされている。(10)右の放状の用法は②に近いが、新たに、③領主や村が領域や共同体の成員の放逐を宣明する文書、として区別することもできる。

D　よく似た例が石山本願寺の寺内にもある。天文九年（一五四〇）、寺外との喧嘩沙汰で寺内衆が逐電したときは、「種々の扱」により、その家を壊し川べりで煙を揚げることで、「無事」におさまったが、逐電者の身柄については、あらためて相手方に、「見合に随ひ相果たすべし」という「一行《いちぎょう》」を与えた。(11)ここでいう「一行《いっこう》」が、Cの放状に当たる証文を意味することは、まず確実であろう。

E　天文十二年、喧嘩で石山の寺内衆が三好衆を三人殺すと、本願寺方は三好方から「相当の儀」を要求されて「囚人」を出したが、逐電してしまう。やがて「種々扱」によって、三好方もその助命（放状を付けない追放だけの処分とすることか）に同意したので、逐電衆の家を壊し川べりで煙を揚げたことで、「相当相調」うとみなされ、事件は落着した[12]。

＊

本人逐電の事実が通告されると、相手方もそれを諒承し、ついで、家の破壊・放火や放状など、一連の共同体放逐の措置によって、「相当の儀」（相殺）が調ったものとみなされたのである。C・D・Eの逐電がA・Bと同じ、領主や共同体としての措置であったと断定はできないが、逐電により、犯人の所属する共同体や領域が、相手方の報復を免れている点では共通している。

ほかにも、たとえば、戦国はじめの毛利家中でみられた、

返報《へんぽう》候はで叶ふ間敷《まじ》きの由、我に対し賺《すか》し候の条、力及ばず……逐電させ、悴《かせ》家中静まり候、

という事態も同じことで[13]、ここでも、相手方の「返報」を回避し、しかも犯人を庇護するために、やむなく「逐電させ」るという措置を講じて、家中の平和を実現してい

るのである。

以上の事例は、同じ逐電といっても、A・Bのような犯人庇護の色の濃い期限付き追放と、C・Dのような放状＝フォーゲルフライの宣告（アハト刑）を伴う無期限の放逐とに分かれている。つまり、逐電者にはいつも保護喪失の宣告が伴っていた、というわけではないのである。

しかしいずれにせよ、その実質が、中世でよく「相当」といわれた、紛争相手方のとうぜんの報復措置を回避するために、共同体や領主がひそかに執行する、有期ないし無期限の犯人追放の処分であったことはたしかである。「火本迄の火事は逐電たるべし」とか「火本は追放すべし」というような、大名法の用語例もよく示すように、(14)逐電と追放はしばしば同じ意味に用いられたのである。

こうして、外見では飽くまでも個人の「ひそかな遁走」とみえる逐電の裏側に、「隠形」とも呼ばれた、報復回避のための共同体や領主による「追放」、という措置が隠されていた。とすれば、このありふれた逐電という言葉を、中世の村の自力＝紛争解決の仕組みを解き明かし、(15)さらには近世の村の「欠落《かけおち》」や「帳はずれ」措置の源流をも探るための、キイワードの一つに加えることができるかもしれない。

注

(1)「一向一揆論」『講座日本歴史』4、『戦国史をみる目』所収。

(2) 峰岸純夫「身分と階級闘争」『階級闘争の歴史と理論』2、参照。天正八年(一五八〇)三月、織田信長・筒井順慶のかけた「木引」役に抗して、大和薬師寺領で起きた「惣郷百姓モ皆以逐電」というのも、逐電＝逃散のよい例である(「薬師寺上下公文所要録」)。

(3)「鵤庄引付」応永二十五年・永正十六年、こうした逃散については、勝俣鎮夫『一揆』に詳しい。

(4)『石山本願寺日記』天文九年四月廿七日、同七年三月廿四日・廿八日・四月九日条など。

(5) この事例に確証はないが、同十一年二月十三日条にみえる、逐電して堺に「隠居」している山中藤左衛門に、本願寺が「音信」として樽代三百疋を遣す、というような記事が示唆的である。

(6)「西川文書」、なお『豊臣平和令と戦国社会』一二二頁以下、参照。

(7) 村の追放解除を意味する召出・召返は、また「召直」とか「還住」とも呼ばれた。永禄十一年(一五六八)四月、近江の菅浦「惣中」が大名浅井氏との間で、村の阿弥陀寺・善応寺の仲介で確認した、源三郎父子を村に「還住」させるための条件は、(1)父子を「当秋(七月カ)めしなをし」とする、(2)「家」・「屋内の諸道具」・「親子自分の一職(自作の田畑カ)」は無条件に返還する、(3)請作(小作)していた寺庵の「徳分」や「一職」は返さない、というものであった(「菅浦文書」二五六〜二五七号)。村人の追放に当たって、請作の権利は没収するが、本人の家・家財・自作の田畑などは、惣中の管理の下に置き、追放解除の際には返却する、というのが村追放の作法であったものか。

なお、天正十三年(一五八五)四月に豊臣方から紀州一揆方に提示した、「人々材《(財)》宝以下の事、召直さる上者、異儀有るべからず候」という「召直」の条件も、これとじつによく似ている(「太田文書」、『豊臣平和令と戦国社会』一六六〜一六八頁、『村と領主の戦国世界』、参照)。

また天正十年七月、織田方は近江一向宗の称名寺に「今度赦免せしめ、召返す上は、尊勝寺郷へ還住あり、居屋敷・寺領・家来等、先々の如く申付べき者也」と指示している（称名寺文書）。

（8）この放状は折紙、庚辰（天正八年）七月十八日付け、立野弥三郎清信書状、松田縫介（筒井氏の奉行人）宛、斑鳩町五百井、大方保氏所蔵文書、Z六八・七〇号。なお、『斑鳩町史』参照。二夏にわたる大方御夫妻のご高配に、お礼申しあげたい。

（9）「菅浦文書」四四号、小学館『日本国語大辞典』の該当項目参照。

（10）笠松宏至『法と言葉の中世史』一〇九頁に、僧侶たちの世界での「主従関係の断絶証明書」としての「放状」の実例が示されている。なお、この意味での「放す」の用例については、『中世政治社会思想』上、四五三頁、補注「被官人を相放す」（勝俣氏）参照。

（11）『石山本願寺日記』天文九年四月廿・廿一日条。

（12）『石山本願寺日記』天文十二年八月五日条。

（13）（天文十九年）八月四日、毛利元就井上衆罪状書『毛利家文書』三九八号。なお、この事件については勝俣鎮夫『戦国法成立史論』一五頁参照。

（14）「長宗我部氏掟書」九八条・「吉川氏法度」一五二条町中掟、『中世法制史料集』三。この用例については、柳原敏昭「戦国期城下町と放火」（北日本中世史の総合的研究・研究会報告）に示唆を得た。

（15）応永三十年（一四二三）の近江伊香郡の山論で、殺人の下手人を村として逐電させる例がみえるから（『伊香郡志』上、四二九〜四三一頁）、この措置の起源が戦国以前にさかのぼることは確実である。

第八章　村の故戦防戦法——喧嘩停止令の源流を訪ねて

所領紛争の自力救済に抑制を加えたとされる、室町幕府の故戦防戦法は、一四世紀なかばの貞和・観応令のあと、百五十余年もへだてた一六世紀初めに、さいごの永正十一・十三年令の立法をみる(1)。早くに、この永正令の唐突な出現に注目し、その発動例を発見・追究した羽下徳彦氏は、初期の貞和・観応令が御家人領主間の紛争処理をめざしたのに対し、永正令は新たに「用水をめぐる紛争」など「村の紛争を処理する法」として蘇った、と論じていた(2)。

この蘇り論に学び直してわたくしは、これも山野河海にかかる「村の紛争を処理する法」として発動された、豊臣の喧嘩停止令を想い起こし、もしやと胸を躍らせている。さきにわたくしは「関東奥両国惣無事」「天下悉ケンクワ御停止」等の語をキイワードとし、研究史の明らかにした「中世を通じて一貫した喧嘩両成敗法の歴史的な成熟」の流れの上に、豊臣の惣無事＝平和令（私戦停止・喧嘩停止・刀狩・海賊停止等）の展開を構想した。ことに発動例で知られるだけの喧嘩停止令には、かならずや戦国社会のどこかにその源流が潜むにちがいない、と思われたのであった。

あらためて、永正十三年（一五一六）の発動例(3)を辿ってみよう。その夏、京の東寺領の村＝Aと等持院領の村＝Bのあいだに、七条・朱雀の用水相論がもちあがり、Bの水番の童が水口《みなくち》でAの男に「打擲《ちょうちゃく》」され、さらにAの堤某が現場に「諸勢を催し寄来」り、「打防」ごうとしたBの百姓一人を「打死」させ、「自近辺所々、両方合力衆出合、或疵、或死者在之」という深刻な事態になった。

このBの告発をうけて、幕府はそくざに「故戦之儀者、御法炳焉《へいえん》（明白）」として、Aの首謀者の堤某に「死罪」を宣告し、ともに「寄懸」けた一類の三河らも法に背く、と断じた。

羽下氏はこの「故戦の御法」を永正十一年令（追加三九〇条）とみた。その主文は「今度被定置、故戦之儀、尚被停止畢、有不叙用之輩者、可被行本人於死罪」とあり、「故戦は所領収公か遠流」という、初令いらいの量刑規定の重点が、ここに至って死罪の極刑に大きく変更されたのである。幕府の主な刑罰手段が「御家人は所領収公、凡下等は身体刑」を原則としてきた以上(4)、この身体刑＝極刑の対象は自ずと明らかで、本件の死罪はその適用にちがいない。

ただ問題は、その同じ十三年に「故戦の本人が死罪なら防戦も闕所」と、両成敗法への傾斜をさらに強めた、新たな故戦防戦法（追加三九六条）が立法されているのをどうみるかで、立法の月日を欠き、本件との後先にはまだ明証がない。

さて、A側の反撃によってか、幕府法廷での本格的な応酬は、じつにこの死罪宣告から始まる。主な争点だけをみよう。

①先に打擲したのはだれか――はじめ水口でBの水番の童をなぐったAの喧嘩相手は堤某の下人だ、罪は主人の堤にある。

②集団で襲った方の大将はだれか――ついで「諸勢を催」し押し寄せたAの「前懸」は堤で、そのため「自近辺所々、両方合力衆」の戦いまでも起き、「或疵、或死者」が出た。

③だれが「一番ニ帯兵具、罷出」たか――Bが、甲冑・兵具で押し寄せたAの一方の大将は三河某だといえば、Aは、三河は具足どころか腰刀も差さず、単衣《ひとえ》の帷《かたびら》に親子庖丁という姿だった、そんな出立ちの大将があるものかといなし、逆に、「故戦の御法違背」は兵具を帯びAの水番を射殺したBの百姓だとやり返せば、Bは、あれは村を襲われ霍乱《かくらん》した結果だ、とかわす。

以上の応酬ぶりからみて、準拠とされた「故戦の御法」の対象は、まさに羽下氏のいう通り、村の水論の場での喧嘩刃傷で、論点は①村の死傷は武器武装によるか、②

どちらが先に手を出したか、③村の武装出動の大将はだれか、にあった。つまり、争点はあくまで故戦の違法行為者を特定することにあり、この激しい応酬の背後には、「故戦の本人が死罪なら防戦も闕所」とした、永正十三年令の影はまだないように思われる。

　ところで、さらに三〇年後、天文十四年（一五四五）八月の幕府意見状は、「故戦防戦御法」と「喧嘩生害で本人・惣庄ともに成敗の先例」をあげ、一町内の重科人は隣三間《軒》の咎、惣一町の狼藉はその一町の咎、という拡大解釈を示すに至る[5]。惣庄や惣町の喧嘩生害が法に背くといえば、ふたたび蘇った故戦防戦法から豊臣喧嘩停止令に至るまで、もはや何ほどの距離があろうか。天正十五年（一五八七）以降、喧嘩停止令の発動対象は、ⓐ河内の山論の場での「打擲刃傷」、ⓑ近江の水論の場での「互刃傷」、ⓒ摂津の「水事喧嘩」であったし、徳川の慶長十四年（一六〇九）令は「郷中ニ而百姓等、山問答・水問答ニ付、弓鎗鉄炮にて、互致喧嘩候者あらハ、其一郷可到成敗事」といい、これを『徳川実紀』は「郷中の農民、山論水論をいひあらそひ、武器を用ひ闘争」すれば違法、と解説していた。

　まだまだ状況証拠に過ぎないものの、これら喧嘩停止令の一つの水脈が、永正の故戦防戦法と、それを蘇らせ拡散させた戦国の風土にその源を発していたのは、どうやらたしかなようである。

なお、永正水論の喧嘩の結末はこうである。あのＡＢの応酬のあと、幕府は水口での鉾楯の真相につき、なおも近隣数ヵ郷に「尋」ね「注申《(進)》」を求めて、Ａの犯行に複数の村の証言をえていたが、十一月初め一転して、Ａの下人の逐電で主人堤の嫌疑は解けたとして、先に「故戦の御法」によって決然と発動したはずの、死罪判決をあっさり撤回し、Ａを不起訴処分にしてしまった。裏にはＡの堤の子を被官とする畠山氏の画策があったのに、なぜかＢの方にもこれに異議を申し立てた形跡がない。

あるいは、「故戦の本人が死罪なら防戦側も闕所」という、両成敗の色濃い永正十三年令が、本件の落着に向けて、すでに立法されていたのではあるまいか。

注

（１）『中世法制史料集』第二巻。
（２）羽下徳彦「故戦防戦をめぐって」『論集中世の窓』一九七七。
（３）東寺百合文書『大日本史料』九の六、六月二十六日条。
（４）笠松宏至『日本中世法史論』東京大学出版会、一九七九。
（５）室町幕府法参考三二六と桑山浩然編『室町幕府引付史料集成』上、対象は祇園会の京の三条町での喧嘩か、桑山浩然氏のご教示による。

III　庄屋・政所・在地領主

第九章　中世庄屋の実像

はじめに――「中世の庄屋」によせて

よく、近世の村というのは、領主権力が中世の惣村を解体し、その自治の仕組みを否定して、「村請制《むらうけ》」という、幕藩支配の忠実な基盤に、新しくつくり替えたものである、といわれる。そして、まさにその「村請制」を「庄屋請《しょうやうけ》」として一身に体現したのが、新たに設定された「庄屋」である、というのである(1)。

中世の村と近世の村の断絶、あるいは強烈な専制国家の成立、というイメージがここにある。この近世の村の歴史像は、いま、ほとんど通念といえるほどに、広く行きわたっている。ところが、「中世の村と近世の村の断絶」を象徴する、シンボルともいうべき「庄屋」が、どのようにして現われてくるのか、を中世後期の村の歴史にそくして本格的に追究した研究は、なぜかほとんど見当たらない。

「庄屋」は近世の初めの村に、突如として「設定」されたのであろうか。それは果して中世の惣村の解体の結果であったか。「村の断絶」という通念に、まだ再検討の余地があるのではないか。(2) 問題はこのことである。

やや予断めくが、すでに、村の庄屋・沙汰人が中世の後期の大和に早々と姿をみせて、近世の庄屋に連なって行き、中世の村の番頭や政所が、そのまま近世の庄屋に移行している、(3) というような事実が個々には明らかにされている。詳しくは後に述べるが、こうした数々の事例をみるとき、「庄屋の設定」や「村請」を可能にしたのは、中世惣村の「破壊」というよりは、むしろ中世の村の「達成」であったのではないか、という印象が深いのである。

ここでは、そのことをたしかめる作業の手はじめとして、中世の村の庄屋・沙汰人・政所の実像を、できるだけ具体的に探ってみよう。

一　戦国末の庄屋

大和の若槻《わかつき》庄は、近世にはそのまま若槻村になる、奈良盆地にある興福寺大乗院門《もん》跡《ぜき》領の小さな荘園（いまは大和郡山市若槻町）である。

畿内ではもう中世も終りという、元亀二年（一五七一）の初夏、この庄は、領主の興福寺から年貢の取り立てを請け負っている大名の松永久秀方と対立して、年貢の納入を拒み、「庄屋善衛門」がしばしば奈良の興福寺に出向いては、抗議をくりかえしていた。(4)

四月はじめ、庄屋の善衛門は、もし年貢を「譴責《けんせき》」されるようなことになったら、「デウ散（逃）」するつもりだ、そうなったら「下地《したじ》」はことごとく荒廃してしまうだろう、と強硬に申し入れていたが、興福寺は「譴責は故実《こじつ》（先例）」だと、そ知らぬ顔であった。そこへ、こんどは松永方から興福寺に、年貢の総額は五〇石余だが、欠損分や不作分などを差し引くと「収納分」は一三石余り、つまり実収は二六パーセントほどに落ちこむ見込みだ、と通告してきた。

おどろいた興福寺は、現地の実情をじかにたしかめようと、若槻庄に「去年の毛見《けみ》帳（年貢台帳）」の提出を求めた。だが、庄屋の善衛門からは「東山内（奈良盆地の東の山あい）へ道具かくし候間、その内にもし候とも存ぜず」というそっけない返事で、逃散しようと山の中に預けた家財にでも紛れたのか、見当たりません、出てきたらお届けしましょう、と皮肉まじりにいなされる始末。

業をにやした興福寺に呼び出されて、次の日、善衛門が奈良に出向くと、待っていた「奉行」の寛舜坊から、重ねて「去年の毛見帳、庄屋所に候はば、上げ申し候へ」と迫られ、年貢割り付けを「定使《じょうし》」の助二郎と「談合」するよう求められた。年貢高は「年の免」つまり年ごとに作況を勘案して決める、というのが慣例となっていたからである。

強硬な折衝のあげく庄屋は、門跡領の分には、去年の帳簿が見当たらないから、年貢の割り付けは、不作だった「去々年の毛見」を基準にする、ということで押し切ってしまった。しかも、年貢がぶじ納まったら、庄屋「親子三人」には米一石を与えよう、というリベート供与の約束まで取り付けたのである。村のことは一切が庄屋まかせになっていたことがよくわかる。

また、「給主方《きゅうしゅかた》」といわれる寺僧たちの領分については、あくる日、事情に詳しい「庄屋の子両人」＝善五郎と源三郎が出頭して、「去年の見立」を書き出し、二日後には、おととしの「免」の「日記」も差し出し、翌日ようやく、年貢「斗代《とだい》」を割り付けた「日記」、つまり個別の割り付け台帳をつくるはこびになった。親子三人で給分別の庄屋をつとめているという形である。

五月七日の「尋憲記《じんけんき》」には、「十九石也、庄屋の子参り、はかり申すよし」とみえている。庄屋の子が年貢の計量にも立ち会って年貢（小五月銭）を収納し、九日、

「庄屋・百姓」たちが興福寺に年貢米を運びこみ、「請取」を交付された。六月一日には、庄屋が興福寺に約束通り米一石をもらいに出かけていった。五パーセント余りのリベートということになる。

*

こうした庄屋の存在は、中世末の大和では、ほかの庄にもよく見られる。おなじ元亀二年には楊本《やなぎもと》庄でも、教西・藤松・又次郎という三人の庄屋がいたが、天正五年（一五七七）の興福寺の「八朔《はつさく》用途」の「納帳」をみると、「壱石五升　八朔用途也　庄屋上る」「三斗者　庄屋藤松上る」というように、庄屋の藤松らがその収納を取り仕切っている[5]。

小吉田庄でも、おなじ年に庄屋が公事銭の代わりにと、脇指についた銀製のはばきまでもちこんで、領主をあきれさせていたし（「尋憲記」元亀二年三月）、その隣の五百井でも、天正元年、庄屋の助二郎はこの村の反銭・反米の徴収を請け負い、その代わりに一町の給田を与えられていた（大方文書）。これらの庄屋の役割は、若槻の庄屋善衛門のそれとよく似ている。

二　庄屋の性格

こうして戦国末の庄屋は、庄の地元を代表して、年ごとの「毛見帳」などの帳簿や「年の免」の先例を主体的に管理し、荒れ田の「内検」、「斗代」の割り付け、計量から運送まで、年貢取り立てのすべての実務を自ら取り仕切っていた。ここにみる限り、領主側は庄屋に任せ切りで、現地の実情や先例などは、何一つ掌握できてはいない様子である。

なお、若槻庄や楊本庄では複数の庄屋がいて、給主ごとに、いわば近世の給分庄屋や給分中使のような役割を果たしていたようである(6)。

注目されるのは、庄屋の行動であろう。庄屋は自ら百姓たちの先頭に立って、「逃散」をかけて領主に抵抗し、年貢帳簿の提出を拒んで、庄内への直接介入を許さず、年貢割り付けの実権をにぎり、さらには領主に年貢の割り戻しまでも約束させるなど、しぶとい直接交渉をいくども重ねて、要求を押し通している。

元亀二年（一五七一）十月、領主が現地に作柄調べの「毛見」を指示したときも、これを拒否して、「庄屋とかく申し、御請け申さず」という、強硬な態度をとりつづけたため、ついに年末には「若槻庄屋」の親子三人は、「楊本庄屋」の教西・藤松・又次郎らとともに、「高札《たかふだ》」に名を掲げられる制裁をうけたほどである。

さらに天正十五年（一五八七）八月には、この大和の一帯で、

去年、検知《けんち》ニ礼ヲ仕タル、曲事《くせごと》トテ、国中庄屋衆卅七人籠者《ろうしゃ》、

という大きな事件が起きていた（『多聞院日記』三―三）。豊臣方が大和一国に村ごとの検地を実施したとき、目こぼしを期待して、検地役人に不法な賄賂を贈ったかどで、国中の庄屋たちが三七人もつかまり、牢屋に入れられた、というのである。ここでも多くの庄屋たちが、自らの村の利害を守ろうとして、懸命の画策を試みていたのである。

さて問題は、こうした庄屋は村にとってどういう存在であったか、である。先に若槻庄で年貢一九石を納めたのは九人の百姓であったが、その「百姓共の名」をメモした「日記」には、庄屋の善衛門・善五郎父子の名前もはっきりと記されていた。また、息子の善五郎の方は、文禄四年（一五九五）検地帳の筆頭に姿を現わし、田畑だけで三六筆・四五石（村高五〇七石余の九パーセント）ほどを名請けするほか、八畝

七歩九斗五升の村の「寄合田」一筆を預かっている。[7]

これらの事実からみて、この若槻庄屋は、領主側が現地に派遣した庄官でないことは確実で、もっぱら庄官の役割を果たしているのは、在地土豪で「下司」の番条氏、寺にいる「奉行」の寛舜坊と、彼に直属し庄屋との連絡に当たる、「定使」の助二郎である。庄屋の善衛門親子は、もともと若槻庄の現地に住んで田畑を耕し年貢を納め「百姓」といわれる、農民の一員であったことはまちがいあるまい。かれらがあたかも村の利益を代弁する闘士という行動を示すのは、まさしく庄＝村を取り仕切る村側の代表者、という地位にもとづいていたのである。

だから、もし、こうした庄屋たちを、たんに領主権力の末端機構とだけみるのでは、中世末の村を領主の下請組織とみるのとおなじことになり、若槻でみた庄屋のしたたかさや、それを支えた村の自立ぶりなどを見失ってしまうことになろう。

三　一五世紀の庄屋

さて、庄屋は幕藩権力が新たにつくり出したもの、というこれまでの定説に従えば、これら大和の庄屋たちもまた、織田信長の上洛する永禄十一年（一五六八）以後、近畿地方の近世化されていく過程で、大名権力によって設定されたもの、というべきか。庄屋は中世にさかのぼらないのか。次の問題はこのことである。

この点については、従来、まとまった検討が加えられたことはないが、中世後期の大和について、庄屋の存在に注目した研究がないわけではない。年次を追って、少しさかのぼってみよう。

A　竜門郷の郷鎮守・大宮社の宮座には、弘治二年（一五五六）には「山口ハ、庄屋助次郎」、天文十七年（一五四八）には「ミカノヲシヤウヤ兵衛次郎」らのいたことが知られている(8)。

B　文明十七年（一四八五）九月の楊本庄の「土帳」やその絵図をみると、十六条七里三十六丁のところに「楊本庄家屋敷」とか「楊本庄屋」と記されている。この庄屋の屋敷は、庄官の居所という意味らしく、「楊本庄屋」の教西・藤松・又次郎ともかかわりがあるにちがいない(9)。

C　応仁二年（一四六八）十一月、興福寺が横田庄から反銭を取り立てたとき、どうしても納めようとしない「殿原《とのばら》・百姓共」がいたため、やむなく「下司」が全体の三割近くも埋め合わせて納めたらしい。とくに悪質なのは「庄屋」つまり「沙汰人」で、彼は追及をかわそうと「他領中に止住」しているため、催促のしようもない、という有様であった（以上、『大乗院寺社雑事記』）。この庄屋＝沙汰人も、庄官である「下司」とは区別される存在で、むしろ年貢取り立てに抵抗する、在地の「殿原・百姓共」たちの中心になって行動していた。

D　長禄二年（一四五八）十月付けの石橋庄（五百井）の記録にみえる、「いしはしの庄百姓の事」という定めは、「庄屋」助次郎と「大百姓」たちが、「大百姓」は、庄内に「うち（家）」と「田を五反」もつ「大百姓十八人」に限ると申し合わせ、百姓になるときには「壱石ハ庄屋の得分、弐百文ハ百姓たちの酒」を負担しなければならない、と義務づけた。ここには「大百姓十八人」だけを成員とする荘園村落が形成されていて、庄屋の助次郎はその中枢をにぎり、以後、中世末〜近世を通じて庄屋をつとめる大方家の祖となった、と伝える[10]。

E　さらにさかのぼって、明徳四年（一三九三）正月に、東寺領の平野殿庄《ひらのどの》（生駒郡平群町）の「下司職」が在地の土豪に売り渡されたとき、証文には、検断の執行のさいの取り分をはじめ、辻祭りの送物や修正会の牛玉《ごおう》餅など、正月の民俗行事＝オコナイの上がり物や、家別の人夫・霜月米と五月の節供粽米などが「下司の得分」で、それは「庄屋よりの沙汰」である、と明記されていた[11]。

すなわち、すでに一四世紀末頃には、「庄屋」は庄内の村々で年ごとに営まれる四季折々の民俗行事の中心にいて、それに因んで定められた領主や寺への上がり物、つまり夫役や公事の取りまとめにも当たっていたのである。

これに注目した田村憲美氏は、「下司職」といっても、公的には「庄屋」を介して得分を取るだけにすぎなかったと指摘し、具体的に「平野庄屋彦次郎」や「庄屋次郎」など、いかにも農民らしい名前の庄屋がいたことを明らかにしている。つまり、惣庄をじかに掌握していたのは、庄官である「下司」ではなく、惣の代表者である「庄屋」の彦次郎や次郎だ、というのである。[12]

＊

以上のように、中世の大和の庄屋は、おそくも一四世紀末にさかのぼり、くだって戦国期ともなれば、かなり広く興福寺領にも東寺領にも、その存在をたしかめることができる。なお、中世末以降の紀伊の高野山領荒川庄にも、「四人庄屋」の存在が知られているから、[13]中世後期の庄屋というのは、大和だけに限られていたわけではないのである。いずれも辺境の荘園ではなく、荘園領主の本拠地から比較的近い距離にある、いわゆる膝下型の近畿地方の荘園であるのが、以上の庄屋に共通する特徴といえよう。

したがって、少なくとも大和や紀伊に関する限り、庄屋という存在そのものは、中世後期から近世に連続していることになる。中世大和の庄屋のもつ、①年貢公事の納入実務者・②惣庄の利害の代弁者という二つの属性のうち、①に注目すれば、近世の西国に広くみられる、庄屋を代表とする村請制という、幕藩制の基礎となった庄屋制度の原型はここに求めることができる、というべきであろうか。

また、近世初期の村方騒動を焦点とするこれまでの近世庄屋論は、①の側面のみに注目し、②の側面については、無視ないし否定的であったが、じつは、中世の庄屋のもつ②の側面もまた、①とともに、惣請・地下請《じげうけ》の体現者としてのそれであることは、以上にみた中世庄屋の実像から明らかであろう。①と②の側面をあわせた庄屋の地位の見直しがあらためて求められる。

四　沙汰人と庄屋

さらに、中世庄屋の歴史をさかのぼろうとするとき、しばしば、庄屋＝沙汰人《さたにん》と注記する、大和の『大乗院寺社雑事記』応仁二年（一四六八）の記事(14)がよい手がかりとされ、およそ次のように論じられてきた。

（1）沙汰人は職事《しきじ》の変化したもので、後に庄屋と称せられ、近世庄屋の源流をな

す、[15]

（2）下司・公文《くもん》・沙汰人らの庄官に代わって、やがて庄屋が登場する、[16]

（3）惣沙汰人――庄屋という形で、惣結合の支配が行なわれた、[17]

（4）沙汰人＝庄屋は、惣庄の農民結合を代表し、荘園の収取事務の末端でもあった、[18]

これら諸説には、基本になる庄官か農民代表か、というウエイトのおき方に微妙なちがいもあり、『雑事記』の記事のほかに、沙汰人＝庄屋という本格的な追究もみられないので、もう一度あの若槻庄にもどって、行動する沙汰人の実像や庄屋とのつながりを探ってみよう。

＊

まず、毎年七月に納める、「日次瓜《ひなみうり》」一二〇合（一合＝一箱に六個入り、計七二〇個）分をめぐる、沙汰人と領主の応酬ぶりをみよう。

A　長禄三年（一四五九）六月、合戦があって「沙汰人等が逐電」したので、日次瓜を銭で納めたい、と百姓たちが「定使」を通じて申し入れた。沙汰人のみえる早い例である。

B　寛正二年（一四六一）には、日次瓜の割り当て一二〇合を完納し、沙汰人はうち二〇合分（一七パーセント弱）を「免」（リベート）として請け取った。
C　文明三年（一四七一）七月、沙汰人は日次瓜一二〇合を完納し、うち七合分（六パーセント弱）の「免」を受けた。それは所定の沙汰人「給分」ではなく、「免」率はそのつど領主との交渉で決められたものらしく、同五年七月には、沙汰人と百姓たちがやってきて、二〇合分の免除を「種々歎き、申入れ」たが拒否された。
D　翌六年七月には、沙汰人の「申請」で日次瓜一〇合を免除し、これがその後の慣例となった。沙汰人は領主の恩恵を自分の既得権に変えてしまったことになる。
E　同十二年六月には、沙汰人のほか「名主の申状《もうしじょう》」で、日次瓜二〇合の免除を要求したが、拒否された。名主たちが沙汰人とともに、公然と取り分を要求しはじめたわけである。

＊

次に、十月を期とする本年貢をめぐって、沙汰人の地位をみよう。年貢は弥九郎名から上がる一一六石で、「地作一円」とか「直務《じきむ》」といって、領主大乗院が寺僧を奉行に任命して年貢を取り立てる、いわば直轄の耕地であったが、実際にはすべて沙汰人が任されて年貢を納める仕組みで、年貢のうち「沙汰給」一石が与えられていた。

しかも、年貢は「年の免」といって、年ごとの作柄に応じ「毛見」と交渉によって決められる習わしであったから、沙汰人はどれだけ年貢を値切るかという「損免」の獲得に、年ごとに全力をあげた。

a 寛正二年（一四六一）九月、沙汰人は年貢について「損免」を「申入」れ、「毛見」について「問答」の結果、一一六石のうち五三石（約四六パーセント）という、大幅な災害控除をかちとった。

b 文正元年（一四六六）二月、領主が奉行に「若槻庄の算田《さんでん》」を命じると、翌月十六日、「隠田分」の申告も含めて算田＝耕地調査はぶじに終った、と百姓と沙汰人が報告にやってきた。庄官をつとめるのは寺僧だが、実際に耕地の実情を把握する仕事は、現地の沙汰人や百姓たちにすべて任されているのである。

c 文明五年（一四七三）十月、沙汰人が「平年作の年でも、二一〜二三石を免除されるのが通例だ」と要求したが、領主側はいつにない大豊作だ、といってつっぱねた。

d 翌六年九月には、沙汰人が「損免」を「申入」れ、折衝のあげく、四〇石（三四パーセント）の免除をかちとった。

e 同十二年はひどい不作で、沙汰人の側から領主に、「毛見使」をよこして作柄を確認するよう要求し、七四石余り（六四パーセント弱）もの損免を認めさせ、領主側の実収はわずか一二石ほどになってしまった。

f　同十八年十一月には、再三の折衝のすえに、損免約五二石・「沙汰給」一石など控除分や年貢約二三石の明細を記した算用状がつくられ、その末尾には「庄家」が署名した。この算用に当たった「庄家」というのは、以上のいきさつからみて、庄屋つまり沙汰人にまちがいあるまい。

g　永正元年（一五〇四）十月、沙汰人から「年貢の三分の二免除を、百姓らが要求している」といってきたが、結局、損免は五六石（約四八パーセント）ということになった。

＊

以上のように、沙汰人はつねに名主・百姓の利害を代弁して、損免要求の先頭に立ち続けていた。一五世紀に現われた、この沙汰人の行動形態と役割は、先にみた一六世紀の庄屋に、そのまま受け継がれていることが明らかであろう(19)。その沙汰人がいつしか庄屋と呼ばれるようになるのは、算田や年貢・公事の算用など、庄内の実務に当たったからにちがいないが、また、庄内の「庄屋垣内《かいと》」にある屋敷に住んでいた、という事実にもよるらしい。

たとえば、鎌倉末期の徳治二年（一三〇七）につくられた若槻庄の「土帳」には、三条一里の三四坪に「庄屋垣内名《みよう》」の田三反一二〇歩・畠一反二四〇歩・屋敷一反がある。下司・公文の名や屋敷は一三坪などにあるが、この庄屋垣内の近辺には、多くの寺や名の屋敷も集中しているところから、この条里制をなす荘園村落の中心をなしていたとみられ、ついで文正元年（一四六六）につくられた「土帳」をみると、この庄屋垣内が核となって、その周辺に庄内の名屋敷が集中して、環濠集落が形成されはじめている様子が、よくうかがわれる[20]。

ふつう沙汰人といえば、中世村落の研究では、下級の庄官とだけみられて、村の代表という側面から把《とら》えられることは稀である。しかし、いま、中世の村に広がる「地下請」の動向の中で、この沙汰人を、領主に仕える下級庄官から、森川英純氏も指摘するように、主体的な村の年貢請負の中枢へとすえ直すことは、中世末の村の達成を検証する、大切なカギとなるにちがいない。

五　政所から庄屋へ――百姓政所

近江の奥島庄で、明応元年（一四九二）、「家にかかる衆役をつとめない者は、永久に地下《じげ》の人衆に入れない」という、いかにも惣村掟ふうの「惣庄をき文」を定めたとき、そこには「さた人・をとな・政所《まんどころ》」の三人が署名していた。[21] この文書の形式・内容からみて、「惣庄をき文」というのは、政所をふくむ惣庄の代表による、村レヴェルの自主的な取り決めにちがいなく、沙汰人や政所が領主の意向をうけて代官として制定したもの、とみるのは無理であろう。

　また、近江の菅浦惣庄が「就棟別、条々」を定め、「本家」は一七三文・「かせや」は八五文・「つのや」は五〇文などと、村に住む者たちの家役を体系づけたとき、「政所」と「てうふ《（定夫カ）》」は「やもめ」や「堂聖《どうひじり》・鉢ひらき」などと並んで、免除の対象になっている。[22] その役目に見合う措置であろうが、免除するという以上、ほんらい政所も家役を負担すべき村民の一人、とみなされていたにちがいない。

　さらに、もう近世初期というべき天正十八年（一五九〇）に、近江の得珍保《とくちんほ》今堀村で「田畠指出《さしだし》」の作成に当たっていた「政所」の左衛門二郎が、同二十年の「家数指出」をつくったときには「庄屋」左衛門二郎と、肩書が変っていた。[23] どうやら、この村に庄屋の置かれたのはこの頃で、しかも中世の村の「政所」を、もとの地位をそのままに、「庄屋」と職名だけ切り替える、という形をとったものらしい。

「荘園の政所」から「近世の庄屋」へというコースは、統一政権が西国ではじめた、庄屋制度の実情の一端をうかがわせて興味ぶかいが、ただ、この荘園の「政所」も、土一揆とまっこうから衝突したような、よく知られた荘園領主の代官とは、どうも様子がちがうのである。荘園の「政所」の中には、領主の代官というよりは、むしろ村の成員の一人で、中世大和の沙汰人や庄屋ともよく似た、いわば「百姓政所」があったのではあるまいか。

そうしたタイプの一例として、ここでは京郊山城の山科《やましな》七郷の一つ、山科家領の大《おお》宅《やけ》里＝東庄について、一五世紀後期の「政所」の実像を調べてみよう。(24) ここもまた、山科家のいわば膝下荘園である。

＊

山科家の奉行をつとめる大沢久守のもとで、村の取りまとめに当たっていたのは、「政所」の衛門入道真情（増）で、文明四年（一四七二）に彼が五五歳で死ぬと、すでに「おとなり」して上田二郎右衛門尉と名乗っていた、息子の二（次）郎九郎がやがて跡をついだ（②一二九・二二二頁、⑤二〇九頁）。政所は姓をもち、「衛門尉《えもんのじょう》」を称し、その職は世襲とされていたらしい。いったい、政所はこの東庄でどのような地位を占めていたか。以下、具体例をあげよう。

A　文明十八年（一四八六）、「政所ヲヂ」で大宅里地下人の彦五郎男が、「禁制」を破ってよその被官になったため、「里のは《徘》いくわい《徊》、かなうべからず」と、村から追放される事件が起きた（④九八・一一二頁）。政所は村人の中に一族もいる、土着の有力者であったようである。

B　応仁二年（一四六八）三月の端境期に、奉行の大沢久守が密乗院から米六石を借りたとき、政所の衛門入道は「もし借り主が返さないときは、私から返弁します」という証文を添えた。その六月に、さらに四石を借り足したときには、政所は証文のほか「衛門入道作職《さくしき》の田地壱町の年貢」を担保に差し入れた（①二六〇・三一四頁）。

領主がよそから借米するのに、政所が村を代表して連帯保証人となっているのである。いわば村が保証した形である。政所はこの村に作職の田地をもち、年貢を納める農民の一人であるとともに、村を代表する地位にあることから、領主の借金にまでも、高い保証能力をもつとみなされたのであろう。

C　延徳四年（一四九二）二月、この村の百姓がばくちの宿をしたかどで、領主から「欠所」の処分をうけたとき、「地下としていろ〳〵御わび事」して、村のばくちの根絶を誓った。このとき「をとなの連署状」に署名した八人の「連署衆」には、「政所次郎九郎」もさいごに名を連ねていた（⑤二四六〜二四七頁）。

D　その八月に、年貢の「わびごと」のため、政所の二郎九郎やおとなたちが、

「入道」して京に上っていった[25]（⑤三〇〇頁）。

E　明応元年（一四九二）、政所の二郎九郎は山口にある二反の田が「ソンマウ《（損亡）》」したため、やむなく大豆を植えたところ、奉行にだまってやったのは「曲事《くせごと》」だと叱られている（⑤三〇二頁）。

F　その十月、政所の二郎九郎は「栗年貢」のことで奉行に申し立てたが、結局は「おやにて候二郎ゑもん申さだめ候ごとくに、二斗四升まいねんおさめ申可候」という証文を書かされていた（⑤三一九頁）。年ごとの「栗年貢納帳」をみると、いつも九月か十月に、九名ほどの村のおとな衆が、平均して一〜二斗前後の栗を、奉行に納めていた。政所の二郎右衛門・二郎九郎親子も、右の証文のように二斗四升を割り当てられていたが、その品質や量のことで、よく奉行ともめていたのである（④二三一、⑤一七五頁など）。

G　また、いつも正月十四日頃には、禁裏の塞《さい》の神祭りに使う、「三《さ》毬丁《ぎちょう》竹」を村から上納する習わしで、政所は六本、おとなたち六人は一本ずつというように納めていた（⑤八一頁など）。課役ではあるが、禁裏の小正月の祭りを取り仕切る、名誉ある家柄を地域に誇示する、象徴的な行事でもあったにちがいない。

H　いつもの八月一日、政所や一部のおとなたちが、餅や柿・樽《たる》・縄などをもって、領主館へ八朔《はっさく》の祝いに参上する習わしも、おそらく同じことであった（③二二四頁など）。村の年中行事の供え物が、定められた領主への上がり物として、年ごとに固く維持される背景には、このような事情がひそんでいた。

I　また、「山守《やまもり》のねず」とか「夜番」ともいわれる、山科家の「不寝番」もおとな衆の役で、時期を限って、一晩交替でつとめていた。「二郎九郎、今夕ねずにのぼり候なり、政所も仕り候なり」というように、政所も番に組み込まれていた。明応元年（一四九二）十一月晦日の夜は、二郎九郎がカゼをひいて「下部《しもべ》」を代理に出したところ、政所がこのようなことをするとは曲事と、奉行の大沢に叱られている（⑤三二九〜三三七頁など）。この不寝番は、「山守のねず」ともいわれるように、「山守」として庄内の山を支配する政所やおとな身分のものが、自分で領主の警固に当たるという、重要な役とみなされていたのである。

＊

以上のE〜Iからみて、この政所が村に土着して年貢・公事・夫役を領主に納める百姓であったこと、またB・C・Dからみて、自立的な村を代表するおとなの一員であって、領主に私的に従属する代官ではなかったこと、などが明らかであろう。

応仁二年（一四六八）三月、領主の山科言国《ときくに》が山科から東山越えで京に帰るとき、奉行大沢の「私の者」八人や郷の「人夫」とは別に、政所の息子二郎九郎をはじめ「東庄の地下《じげ》の者」一一人も出て、警固に当たった。この事実をみれば（①二六九頁）、政所の親子や村人たちは、奉行の家に仕える「私の者」とはっきり区別され、政所は領主からもたしかに「地下の者」の一員として位置づけられていたのである。(26)

その「地下の者」の代表という特徴は、B・C・Dにも顕著であるが、さらに地域の自治組織として知られる、「七郷寄合」との関係にもよく現われる。七郷は「惣郷」で「谷中の事、七郷として談合」のために、各郷の代表をメンバーとする「七郷寄合」を、ふつう春には北郷で、秋には南郷で開く習わしであったが、応仁二年（一四六八）三月の「七郷ノヨリ合」に大宅里からは政所の「老衛門入道《おとな》」が出席した（①二四二・二六八頁）。また息子の二郎九郎も、ときに寄合を代表して決定事項を執行し、ときに領主との交渉に当たる、「七郷使」の任務をつとめていた（⑤一六六頁）。

なお、この寄合にはいつも政所が出たわけではなく、この村で七郷の寄合が開かれるときには、むしろ「好子屋《(麹屋)》兵衛所座敷」や「当郷三郎ひやうへ《(兵衛)》所」「当所のおとな道林所」など、この村の「おとな」たちの家が、よく会場になっている（②四三、③一二〇・二五八、④四五頁など）。政所も有力なおとなたちと並んで、村を代表する

「おとな」の一員として、「七郷寄合」の「宿老中」・「沙汰人中」を構成したのであり、政所だけが排他的に村の政治を独占していたわけではない。

＊

こうした山科東庄の政所の地位は、奥島庄で惣掟ふうの「惣庄をき文」を定めた「さた人・をとな・政所」、菅浦惣庄で「棟別」の役をとくに免除された政所、近世庄屋にそのまま移行した今堀の政所、あるいは大和の庄屋＝沙汰人とも、おそらく同じものであった。

かれらをただ下級庄官とだけみる、従来の一面的な評価を超えて、その村役人的な側面も含めて、自立した村の運動の中枢としてどう把握するかが、こんごの中世の庄屋論、ひいては在来の中世村落解体論の成否を問い直す上で、大きな分岐点となるにちがいない。

注

（1）こうした近世初期の庄屋の実像については、水本邦彦「初期『村方騒動』と近世村落」（『日本史研究』一三九・一四〇合併号）、菅原憲二「近世前期の村算用と庄屋」（上・下、『日本史研究』一九六・一九七）がすぐれている。

（2）たとえば最近は、中世の惣村の達成を、いわば「死と再生」という図式で再評価しようとする、水本邦彦「村共同体と村支配」(『講座日本歴史』5)のような、新しい動向が現われている。また勝俣鎮夫「戦国時代の村落」(『社会史研究』6)は、中世史の側からこの領域を切り開こうとする注目すべき研究である。なお、小稿「移行期村落論」(藤木『村と領主の戦国世界』東京大学出版会)参照。

(3)番頭=庄屋には、田沼睦「都市貴族の下向直務と中世村落」(『荘園の世界』)、政所=庄屋には、横田冬彦「近世村落における法と掟」(『文化学年報』5)に鋭い指摘がある。

(4)その原因はよくわからないが、松永方が年貢米(小五月銭)取り立ての納め升に、所定の「九合五勺」升より大きい「十二合」升を使おうとしたのが一因らしい(「尋憲記」『大和国若槻庄史料』二)。以下、同庄については、すべて本書による。この庄屋関係記事は酒井紀美氏のご教示による。

(5)成簣堂文庫一の一二八、熱田公「室町時代の興福寺領荘園について」『史林』四四の三。

(6)近世初頭の村に複数の給分中使の併存する例は、小著『戦国大名の権力構造』Ⅲ部参照。

(7)屋敷高が見えないのは、賦課対象から除かれているためか。文禄四年八月十九日「大和国添上郡若槻村御検地帳」(写)『大和国若槻庄史料』一。同書の解説で、渡辺澄夫氏は「百姓身分のものと思われる庄屋があらわれている」と指摘している。なお、この庄屋については渡辺澄夫『増訂畿内庄園の基礎構造』下、補論五、参照。

(8)朝倉弘「戦国期惣結合の動向について」『日本歴史』二〇六。

(9)『多聞院日記』文明十五年正月六日条に「狛野庄々屋、七草蔓三把持来る」とあり、翌年十一月廿二日条には、田辺で「一石は庄屋得分」「酒を庄屋役にて振舞う」などとみえる。

(10)大方家文書、朝倉前掲論文参照。

(11)「教王護国寺文書」一―六七八、田村憲美「室町期大和国の在地寺院と土豪」『荘園制と中世社会』。黒田弘子氏のご教示による。

(12)「東寺百合文書」ネ一三七・ネ一八〇、田村前掲論文参照。

(13) 薗部寿樹「中近世移行期における高野山権力と荒川荘」『内乱史研究会報』6。
(14)「庄屋　沙汰人事」、同十一月、横田庄の条（前掲）。
(15) 渡辺澄夫『増訂畿内庄園の基礎構造』上。
(16) 熱田前掲論文。
(17) 朝倉前掲論文。
(18) 森川英純「興福寺領における作主職の成立と郷村制」『ヒストリア』六六。その沙汰人論は重要である。
(19) 渡辺澄夫『増訂畿内庄園の基礎構造』上・下。なお、渡辺氏は百姓身分の庄屋の登場を、下司＝庄官であった在地土豪の番条氏が離村する、中世末からとみているが、むしろ以上のような沙汰人＝庄屋の一貫した動向に注目する必要があるだろう。
(20) 渡辺前掲書。なお、「庄屋垣内名」に近世の役宅（旧村の共有地）と旧庄屋の子孫の屋敷が近代まで存続していた事実については、渡辺澄夫『大和国若槻庄史料』一の解説に、興味深い指摘がある。
(21)「大島奥津島神社文書」『中世政治社会思想』下、一八七頁。
(22) 年未詳、「菅浦文書」一四六号、『中世政治社会思想』下、二四〇頁。
(23) 横田冬彦「近世村落における法と掟」『文化学年報』5。
(24)『山科家礼記』全五巻、以下、本文中に巻①〜⑤と頁数だけを注記する。なお、この荘園の村としての性格については、志賀節子「山科七郷と徳政一揆」（『日本史研究』一九六）がすぐれた研究である。
(25) 本書「わびごとの作法」参照。
(26)「私の者」筆頭の五十嵐掃部も政所をつとめているらしい形跡がある。注24志賀論文参照。

第十章　領主政所と村寄合

一五世紀以降、村々がしだいに主体的な紛争解決の能力を高めて行く中で、荘園の現地支配を担った領主の代官や代官所は、現実に村々とどのような関係を取り結んでいたのであろうか。中世の在地に住んだ領主たちは、それぞれの領域で何らの存在理由もなしに支配者としての地位を安泰に維持できていたわけではない、とみられるからである。(1)

ここでは、いかにも領主らしい荘園の代官といえそうな、法隆寺領播磨国鵤《いかるが》庄の政所を例として、中世後期の政所の実像を追ってみよう。この荘園には東・西の両政所があって、その職には、大和法隆寺から実力ある僧が交替で「在庄」し、周囲を「堀」に囲まれた政所屋敷＝「舎宅幷敷地」や、大寺《おおでら》と呼びならわされた斑鳩寺《はんきゆうじ》を拠点として、東・西二人の公文《くもん》を通じて「地下六カ村」を支配し、まことに内容豊かな「引付」＝政所記録をいまに遺している。(2)

一　政所の職権発動

その政所記録によれば、政所が領主の代官として現実に発動した職権は、(1)年貢公事の収取権、(2)庄域の検断権、(3)一種の領域支配権の執行、などから成っていた。いかにも領主らしい荘園政所といったのは、まずこの点である。

まず、(1)の年貢公事収取権の発動というのは、いうまでもなく年貢等を取り立てる権限であるが、ここでは、政所記録にじつに頻繁に現われる、

＊吉平名、全く未進《みしん》(滞納)によつて、召放たれおわんぬ、(応永十二年)
＊散田《さんでん》して、百姓を入れおわんぬ、(応永十二年)
＊包房名、未進により、……点定《てんじょう》(没収)せしむ、(寛正七年)

というような記事に注目しよう。

政所は年貢を納めようとしない荘園内の名主・百姓に対して、名主職を「召放」って他の百姓に「充行」なったり、「名田」を解体して多くの百姓たちに耕作させる

「散田」にしたり、あるいは耕地そのものを「点定」＝差し押えるなど、さまざまな強制執行権を発動した。

次に、（2）の庄域の検断権というのは、

＊死人の家は検断たるべき間、家内を点定しおわんぬ、（応仁二年）

＊平方松之坊百姓と新二郎口論を致し、殺害せしむの間、悉く坊舎・財宝を検断せしめおわんぬ、（明応六年）

＊平方に大麦の盗人四、五人これ在る由注進す、公文と云合せて、召取に人数を遣しおわんぬ、……家をこぼ《壊》ち検断、（天文十四年）

というような記事がそれである。

つまり、庄域で起きた殺人・喧嘩・盗人などの刑事事件の際、政所は犯人の家を差し押える検断を執行し、「検断物においては、東西の在庄（政所）に支配（分配）」というように（永正三年）、つねに検断物は政所の得分と主張したのである。この類の検断権の発動の事例は、先の土地に対する職権発動とともに、「引付」には数多くの記録が残されている。

さらに、（3）の一種の領域支配権の執行というのは、

当国一向衆《いっこうしゅう》（浄土真宗門徒）、京都より御成敗により……東保の道場、悉く以て打破り、資財以下迄、政所へ検断しおわんぬ、（永正十一年）

というような記事がそれである。このような検断の執行は、荘園領主ほんらいの検断権というよりは、むしろ守護検断権の執行に近いもので、在地領主と同様に政所の権限もまた、庄域に関するいわば下級の領域支配権のような性格もおびていたことをよく示している。

以上は事例の一端にすぎないが、このような職権をつねに発動した荘園政所を、ここでは仮に領主政所と呼んで、先にみた村の百姓政所と区別しておくことにしよう。

二　逃散と政所不出仕

では、地下《じげ》＝村と名主・百姓にとって、領主政所とはいったいどのような存在であったか。政所のきびしい職権発動に、かれらはどのように対抗したか。

Ａ　まず、永正十五年（一五一八）八月の逃散《ちょうさん》をみよう。

前の年、領主の法隆寺が庄内の平方村にある名田の一つを百姓たちから取り上げて、借金のかたに平井助九郎という武士に売り払ったのが原因で、

下百姓迷惑之由申シテ、惣庄名主・百姓等ヲ引催、六ケ村分名主・百姓、悉以柴ヲ引、逃散畢、前後卅余日、政所エ出入無之、雖然、役人三人者、柴ヲバ不引也、如此アツテ種々侘言申、（原文のまま）

という事態となった。問題の売り払われた名田を耕作する、下百姓たちの抗議の呼びかけに応じて、惣庄の名主・百姓たちが、六ヵ村をあげて逃散の行動をとったのである。

その逃散というのは、惣庄の名主・百姓たちが、

（1）各家の門口に柴（雑木の枝）を引いて閉じ籠り、

（2）一ヵ月以上も政所に出入せず、

（3）政所の役人をつとめる三人の名主だけは柴を引かず、領主側とのパイプ役として侘言《わびごと》＝抗議を続ける、

というものであった。その結果、寺は名田を買い戻してもとの百姓に耕作させる、ということで百姓側の要求が容れられ、事件は落着した。

B　この（1）～（3）のような村の行動のパターンは、このときだけのことではなかった。この事件からちょうど一世紀前の応永二十五年（一四一八）九月にも、よく似た逃散が起きていたのである。ことの起りは、政所＝領主側との井料＝用水経費の分担問題や、名主等が盗人のとがで耕地を政所に没収されたことなどにあったらしい。その逃散もまた次のような経過をたどった。

稗田集会ヨリ、地下名主・百姓等、悉々逃散畢、乍去、逃散様、面《おもて》ヲハカコ(囲)キテ、家内ニハ住ス、五人沙汰所・寺庵《じあん》・神子《みこ》・神人《じにん》ハ隠レズ、……様々、両公文歎中間、名主地上検断一ヶ条バカリ、地下エツケラレ畢、……両公文、地下ヲ様々ナダ(宥)メテ、名主地上検断一ヶ条ハカリニテ、落居《らっきょ》アリ、名主・百姓等ヲ、公文同道シテ、政所エ出仕アリ、（原文のまま）

（1）地下＝村々の名主・百姓たちは、惣庄の鎮守稗田《ひえた》神社で集会を開き、逃散を決議すると、いっせいに家の面《おもて》を囲って家に閉じ籠り、

(2) 政所にも出仕せず、もし要求が容れられれば「還住」しよう、といったのである。

(3) このときも役人や坊主・神人など寺社の人々は家に籠らず、東・西二人の公文＝沙汰人が領主＝法隆寺と地下＝名主・百姓のあいだに立って奔走し、まず領主に「歎き申」して要求の一部を認めさせ、ついで「地下を様々なだめ」て事態を収拾し、名主・百姓の政所復帰を実現した、

というのである。

政所側はこの逃散行動を「地下作法《じげのさほう》」と呼んでいるから、家のおもてを柴で囲い家の中に隠れるというのは、この地方に広く認められた逃散の作法であったらしい(3)。

詳しくは後にみるが、「籠る」ことで抗議の意を表わし要求を貫くという「作法」は、寺社のあいだでは「閉門《へいもん》」と呼ばれて広く行なわれ、この庄でも政所僧は大寺の「御宝前ヱ取籠」(4)って「閉門」し、守護方の軍勢の脅迫に抗し、その排除に成功していたのである。

*

さて、以上のような政所に対する地下の逃散で、いま注目したいのは、Aの政所記録に「逃散しおわんぬ、前後卅余日、政所へ出入りこれ無し」と特記された、六ヵ村

の行動である。逃散に伴い一ヵ月余り政所への出入を拒み続けたというのであるが、Bの逃散でも、一件の決着がついたところで公文が名主・百姓たちを同道して「政所へ出仕」したとあるから、やはり逃散の開始（九月十五日夕方）から事件の落着（十月十四日）まで、ちょうど一ヵ月にわたって、名主・百姓たちは政所に出仕しなかったわけである。

すなわち、名主・百姓たちの逃散の意思は、たんに「柴ヲ引」き「隠レ」るという儀礼的な作法に従って、シンボリックに表現されるだけでなく、領主政所への出入・出仕を拒否するという、あからさまな政治的な行動によっても表現されていたことになる。この逃散という非日常的な行動の原理は、聖化された家に籠るという儀礼性と、政所への出仕を拒むという世俗の政治性という両面から成り立っていた、というべきであろうか。ともかくこの荘園の世界で、名主・百姓がひと月も政所に出入しないのはきわめて異常な事態、とみなされていたことは確実である。

この事実の示唆するところは大きい。これを裏返せば、現実の荘園の生活の中で、名主・百姓は庄内の政所に「出仕」「出入」するのを日常としていた、という事実が浮かび上がってくるからである。まだ、断定は避けなければならないが、荘園村落の名主・百姓というのは、政所に出仕することを固有の役＝資格とする身分であったのではあるまいか。また、政所の運営は名主・百姓を不可欠の構成要素として成立していた、といってもよいのではあるまいか。公文・沙汰人など在地出身のいわゆる下級庄官は、両者の接点に位置して村々の利害を代弁しつつ、しだいに地下の代表という性格を強めていた。

「政所出仕」「政所出入」という言葉は、政所と名主・百姓が取り結んでいた日常の関係を把《とら》える、大切なキイワードとなるにちがいない。

＊

まさに、荘園の世界は、この政所を焦点として展開していた。政所を舞台とする地下の村々と領主側のぶつかり合いは、この政所の記録にも生々しく書き残されており、事例はA・Bだけにには止まらない。その顕著な例をもう少しあげよう。

C　永享四年（一四三二）、政所と村々のあいだで、銭の和市《わし》（年貢の時価換算レート）をめぐって、「地下の面々、寺の納法・地下の納法を論」ずという、寺＝領主の主張する年貢の納法と地下＝村の納法のまっこうからの衝突が起きていたし、

D　翌五年に年貢収納のため、領主が徳政の「土一揆」に破られた「返抄ノ斗《ます》」を下すと、地下＝村側が「本ノヨリ太キ」（もとの升より大き過ぎる）と「歎」＝抗議したため、政所でこれを少し「直」したところ、「尚モ太キ由、歎」くので、やむな

く政所は本寺の了解をとった上で、「沙汰人・百姓」を「召寄」せて、「斗、同概《ならし》ヲ本ニシテ直ス」と伝え、升は元通りという措置をとらなければならなかったし、

E　その年、政所が村側から公文の提出した「指出」帳簿に不審ありとして、「古キ指出ヲ尋テ、問答アルベシ」という緊張を生じていたのも、C・Dのはげしい対立の余波であった。

F　文明六年（一四七四）、政所が新たに定めた「会米之斗」について、こんどもまた「名主・同百姓」が「集会」をもって抗議し、「元之斗仁、コレヲタメ（矯）」させてしまった。

G　明応七年（一四九八）、「当国、近年虫喰以外《もってのほか》」という、稲作のひどい虫害が続いているため、「政所ヱ、名主・百姓中ヨリ侘言」をし、これをうけて法隆寺から害虫駆除の祈禱札が地下に数多く下され、虫害はやんだ。

H　永正十七年（一五二〇）、争乱による放火や害虫の発生による作物の被害の認定をめぐって、「名主・百姓等と、東・西政所と問答」になり、ついには政所が地下の「侘言」に押し切られていた。

＊

名主・百姓が日常的に出入＝出仕する一五世紀以降の荘園政所というのは、納法

（和市）・計量（升）・帳簿（指出）・作柄（損免）など年貢問題をめぐって、領主代官とはげしい「論」「問答」を交わし、「歎」「侘言」をいいつつ、領主側にきびしい要求を突きつける、領主と農民の日常的な対立と交渉の場にほかならなかった。

この政所の場を介して、領主の支配も村々の要求も、相互に調整され貫徹されもしたのである。

ここに紛れもない名主・百姓の「政所出入」の一断面があった。

三　政所の村寄合

地下の村人たちの日常的な「政所出入」の意味をいっそうよくうかがわせるのが、村の検断事件のときである。領主政所はつねに庄内の検断は自分の権限であると強く主張していたが、現実には一連の検断手続きで政所がとくに固執したのは犯人の「家内財宝以下」の検断物を没収する権限で、事件の処理そのものは、むしろ村々の主体的な関与によって実現されていた、とみられる。
Ｉ　大永五年（一五二五）、田の水不足の続く六月に、庄内の平方村で「下地《したじ》の水を押留めて入れず、あぜ《(畔)》を切落す」という水盗み事件が起きた。「水入」の役をつとめる水番の者二人の再度の「糺問」と「白状」によって、「用水切落」を命じた「本人」一人と「同類」二人の村人の名が明らかになり、政所はただちにかれらの「私宅以下、悉検断」を執行したが、犯人たちは三人とも早々と「逐電」してしまっていた。

そこで、こんどは「地下衆」が政所に集まって「集会評定」を開き、「庄例に任せ、勧文に放たるべし」と「群議」決定し、その旨を「高札」に記し、政所の袖判を付して、「大寺本堂に打つ」という措置をとった。[5] その「高札」は、「勧賞」金付きの公開の指名手配であり、また逐電者に対する共同体の保護の喪失を宣告する、「放状」をも意味していた。[6]

村から逐電した犯人の「身柄」を追捕するのは、ほんらい犯人の帰属する共同体の役＝責任とされたから、地下衆は独自に集会評定を開き群議して、共同体からの犯人放逐を宣告するとともに、自らの負担で懸賞金を出すことにして、公開捜査に踏み切ったのである。おそらく、このような措置もまた、村人たちの日常的な「政所出仕」の一環であったにちがいなく、政所は「庄例」に従ってもめごとの解決を遂行するための、地下衆たちの集会評定の場ともなっていたのである。

J　同年の閏十一月、沙汰人が政所に出頭して、博奕流行の風聞があるので禁制を掲げたいと要請した（「札ヲ打テ可然由、沙汰人被出被申」）。これをうけて、政所は二枚の高札を書いて、仁王堂と宿村の二ヵ所に「札ヲ打」った。高札は「定　政道事」ではじまる下文《くだしぶみ》の様式をとり、奥＝日下には、これを請求した沙汰人（実報寺与三左衛門尉カ）自身が署名し、政所は袖に花押をすえた。

この経緯からみると、ほんらい領主権に帰属すべき検断領域の措置であるのに、現実にはむしろ、在地の有力名主でもある沙汰人の方が、地下六ヵ村を代表して治安の維持に強い関心を寄せ、禁制の執行にイニシアティヴをとっている、という事情がよくうかがわれよう。おそらく、これが戦国の村と領主政所の力関係の現実であった。

K　天文五年（一五三六）卯月、隣の福井庄平松村の商人を鵤庄東南村に住む周世某が殺害するという事件が起きた。これを知った福井庄からは、鵤庄へすぐにも報復に「寄」せてくる形勢であったが、なぜか中止され（「彼庄ヨリ可寄之由□延引アリ」）、代わりにその三日後、鵤庄のうち宿村の百姓が福井庄で捕まってしまった（「宿村中百姓、英賀《あが》ヨリ来ルヲ、福井ニテトラヘ畢」）。これが「庄質」で、福井庄側は相手方の庄の住人を質取りすることで、鵤庄側に犯人の自発的な処分を迫ったわけである。

この質取りを知った「宿村者共」は、しかし福井庄には向かわず、事件を起した東南村の周世の「屋宅」に「ヨセカケ」て行ったのである。だが、「東南衆」が周世某を「拘《かか》」えて渡そうとしないため、ついに「とらゑ」ることができず、代わりに「東南村之百姓二人」を「カラメ取」って引き揚げた。これが「村質」である。

　こうして、質取りの応酬がしだいに核心に向かって集約されていくと、事態の推移をみていた「地下」では、沢浄光・桑名二郎左衛門という二人の名主を「中人」に立てて、事態の収拾に乗り出し、周世某を政所の寄合に同道して、

　政所ニテタバ《（謀）》カリ、政所ニ御寄あい《（合）》にて、めしと《（召捕）》□《（りカ）》、□生害させ

る、という処刑の措置をとったのである。これによって、それぞれ福井庄と宿村に捕まっていた、宿村と東南村の百姓はともに解放され、政所は周世某の「私宅以下悉検断」を執行して、一件は「無事」に落着した。

　この事件では、庄内六ヵ村のうち宿村・東南村がそれぞれ、庄質・村質に取られた百姓や殺人犯など、自分の村に帰属する人物を庇護しようとして対抗し合い、村同士で典型的な質取りの応酬を複雑にくりひろげる。そして、さいごは名主層が中人として介入し、一件の発端になった殺人の犯人を政所に誘い出し、政所の村寄合の場で逮

捕し生害＝死刑を執行したことで、交錯した質取りもすべて決着したのである。

＊

問題の発端は庄民による殺人という検断事件であるのに、この事件の初めから、領主政所が検断権をふりかざして介入した形跡はうかがわれない。事件のさいごの段階で、逮捕・処刑を執行した政所の寄合というのは、Iの事件のとき「地下衆」が政所で開いた「集会評定」と、おそらく同じ性格のもので、政所は地下衆が在地の検断問題を主体的に「群議」し成敗を執行する、いわば地下の自検断の庭としての位置を占めていたことは、いよいよ確実である。その態勢は明らかに、名主・百姓の日常的な政所出仕、という慣行を背景として成立していた。

このような政所を場とする六ヵ村共同の自検断という事態の性格については、I・Jにみられる政所の袖判という地位に着目して、これを領主検断権を補完する従属的なものとみることも不可能ではないが、(7)「政所不出仕」が逃散闘争の重要な内容をなしていること、政所が日常的に領主・農民間の問答・侘言の場となっていること、禁制の請求が村の側から出されていることなどをみれば、むしろこの事態は、政所を惣庄共同の庭とする、地下の自検断能力の高揚、とみる方がふさわしいのではあるまいか。

四　政所の平和

庄内六ヵ村に占める政所の地位や存在理由は、それだけにはとどまらなかった。さいごに、とくに戦国期に領主政所の負わされていたとみられる、庄域の平和維持の役割に注目してみよう。

L　永正十一年（一五一四）八月、隣の小宅《おやけ》庄とのあいだで大がかりな用水相論が起きたとき、この庄では、

大寺之鐘ヲ鳴シ、当庄ヨリ、悉以上リ畢、其勢、千二百バカリ、二樋マデ押寄、

という行動をみせた。庄の中心にあり大寺《おおでら》と呼ばれた斑鳩寺《はんきゆうじ》の鐘が、惣庄に行動の合図として機能し、大寺の境内は惣庄の結集の庭となっている。緊急時に村々の示した反射的な集団行動の高揚も、日常の反復なしにはあり得なかったことに注意しよう。

その後、この事件を提訴した相手方から守護の「召文《めしぶみ》」を受け取ると、この庄からは、政所の学乗坊が自ら先頭に立って、寺庵二人・名主九人・百姓一人などの「年老

衆」といっしょに守護所に出頭し、一〇日にわたって滞在して訴訟に当たり、のち「溝之絵図」など一件書類は、後証に備えてすべて「政所之櫃《ひつ》」に収めた。

M　同十六年（一五一九）六月、その春に同庄内で起きた、守護赤松方の中間《ちゅうげん》と庄民の喧嘩が原因で、赤松方の軍勢が庄境いの川原に押し寄せ、「時（鬨）ノコエ（声）」をあげて威圧するという事態になったとき、「力及ばず」とみた政所の僧は、

> 御太子閉門《へいもん》、御宝前《ごほうぜん》エ取籠《とりこもり》、拙者一人ハ腹ヲ可切覚語（悟）ニテ、中間・小者《こもの》以下、ヰトマ（暇）ヲ出、一人取籠了、

という行動をとった。政所の僧は、まず従者たちすべてに暇を出すと、大寺斑鳩寺の太子堂に入って「閉門」を宣言し、そこにただ一人籠って決死の覚悟を表明した。寺社の門戸を閉ざし一切の仏事・神事を停止して、抗議の意を表わすのが「閉門」で、大和ではしばしば七大寺共同の閉門も行なわれていた。[8][9]

ところが、これを知った赤松方の奉行衆は「驚天」して、ただちに「勢ノ一ヲモ鵤庄エハ不可入」と、庄内への自軍の立入りを厳禁するとともに、政所に対して閉門を解くよう「侘言」した。こうして政所の僧は「御宝前ヲ開、政所エ帰宅」し、「鵤庄

エ勢遣《せいづかい》（武力行使）ノ儀ハアルベカラザル趣」を「相定」めさせた、というのである。この政所僧の決死の閉門は、領主に期待される庄域の平和維持責任を負って行なわれたものにちがいあるまい。

N　同十八年二月、この国の守護赤松義村と家来の浦上村宗の争乱によって、「当庄の近辺一円に、合戦の巷《ちまた》たるべき由、必定」という切迫した事態となったとき、この庄の人々は次のような行動をみせた。

まず、政所は庄域が戦場となるのを避けようとして、軍陣に急行して「色々制札已下、其計略ヲ成」し、約一三貫七〇〇文にのぼる多額の礼銭を費して、制札による軍隊の庄域への立入り禁止措置など、安全保障を求めてけんめいの奔走を試みた(10)。

一方、庄内に住む多くの人々は、戦禍を避けようとして、

当庄名主・寺庵・百姓、其外隣郷・隣庄ヨリ、縁々ニ、堀之内ニ、少(小)屋ヲ懸、構《かまえ》ヲ仕、在之、

という行動をとった。政所屋敷のある「堀之内」が、戦時における庄内外の人々の、「構」（防御示施設）を備えた避難所となっているのである。

こうして、同庄は戦場となるのを免れたが、そのための工作にかかった約一三貫七〇〇文の費用の調達について、政所は「此の支配《(配分)》の儀、如何たるべし」と「地下ニ相談」した。すると、「名主百姓等」は「堀之内」に避難している庄内外の「名主・寺庵・百姓其外」が持ちこんでいる「俵物」にかければいいと、受益者負担を主張するので、政所はただちに避難者の「少屋エ入テ算合」して、俵物の「員数」を帳簿に「註」し、それを対象に「石別《こくべつ》八十文ツヽ、打賦《うちくばる》」という措置をとって、ようやく経費分の金銭を「政所エ請取」った。

〇　大永二年（一五二二）、国内での「赤松殿内衆《うちしゅう》ノ取相《とりあい》」と隣国からの「山名殿御入国」によって、一国の争乱となったとき、この庄では「百姓ハ在々所々ヱ逐電」して「落所不知」という有様となった。

その一部は堺・兵庫・英賀などの「津」＝都市や、備前＝他国あるいは「山内」など「方々ヱ逃隠」れたといわれ、残った「庄家衆・百姓等」は「大寺之内・政所ノ内ニ籠屋《こや》ヲカケ、悉以籠居」したため、この年の荘園年貢は「納所不成」という状況となった[11]、という。政所と大寺はこのときも庄民たちの避難所となったのである。

また政所は、大名から保護と引き換えに庄にかけられた「兵粮米」を一括して立替払いしたらしく、その「過分失墜《しっつい》」を回収するために、このときもまた斑鳩寺と政所の内に避難している「庄家幷百姓等」に対し「籠屋《(小屋)》ニ中懸、俵別取集支配」するという、Nと同じ方法をとった。大名の「兵粮米」を出せという要求に応じ、代わりに軍勢の略奪を免れる、というのも庄の安全確保策の一環であり、政所はそれにも責任を負って奔走しなければならなかった。これらの対応はすべて、領主の果たすべき責務とみなされていたのであろう。

　さらに、このとき山名氏が政所に交付した「継目《つぎめ》御判《ごはん》」＝荘園の安堵状に対する「御礼物以下、入目《いりめ》」も政所が一括払いし、その経費もやはり「隠物《かくしもの》之俵物以下」つまり避難小屋に持ちこんでいる米穀等と、「地下六ヵ村棟別」の家役として割り付けることで、ようやく回収した⑫。

P　天文十年（一五四一）の「国中錯乱」のときも、大寺＝斑鳩寺内には「隣里近郷土民」が「小屋ヲ作」ったほか、「無頼者《ぶらいもの》」が逃げこみ、寺法に背いて牛馬等までも寺内に追い入れ寺地を汚すという有様となり、ついには「大寺塔婆《とうば》ノ前ナル牢人衆ノ小屋」から出火して、大寺は太子堂・本堂以下が全焼してしまった。

　そのため、名主で公文代をつとめる内山方の弟が「名代《みようだい》」として法隆寺へ上って、「大寺修造之勧進帳」の下付を「所望」し、共同避難所たる大寺の再建が庄民側の主導によって開始された⑬。

荘園内の平和維持をめぐるこうした事態は、けっして鵤庄だけの特殊な事例ではなかった。文亀二年（一五〇二）の秋、根来寺僧兵が襲来し拠点にしようと、兵粮米や人夫をかけてきたとき、和泉日根庄のうち入山田四ヵ村の番頭たちは、たまたま在庄していた領主（前関白九条政基）と相談の結果、「賄賂」をもって僧兵の在陣を免れようと、根来寺に出かけて数日にわたって泊りこみの交渉を続け、ついに「惣分」と「三方集会」など寺の執行部を動かして、村々に軍勢の立入りを禁止する「制札」二枚の獲得に成功した。鵤庄で政所の担っていた役割を、ここでは村々の番頭たちが主体的に遂行したのである。

そのための賄賂など工作費として、二枚の制札の代銭、制札に署名してくれた二人の僧侶への太刀代、惣分への工作にかかった酒代・太刀代・礼銭などに、あわせて二千余疋を費し、番頭たちはそれを「惣分の要脚、五ヵ日を限って借用」という条件で、当の交渉相手から借金して、当座をまかなったのであった。

その返済は大変な重圧となった。うち五〇〇疋は領主が出すことにし、残る二〇〇〇疋近くは地下＝入山田四ヵ村の負担としたところ、番頭たちが難色を示すので、領主は、それならば、上郷・熊取・新花・木島など、「クミノ郷」を含む近隣の村々が入山田中に預けている「財物・牛馬等」の「員数」を調べて、かれらにも負担させればよい、もしここが戦場になれば、一物も残さず失ってしまうところを、無事に免れたのだから、と「密談」していたのである。

それは地下の「名誉」を損なう「不当の沙汰」だと、番頭たちは反対し、もっぱら領主の負担を求めたが、結局は「地下の寄合」で、「地下中」の「家別」と「寺庵免田」などにそれを割り付けて調達することになり、さらに「小々」はひそかに近郷にも「仰合」せて出してもらい、どうにか「弁償」が行なわれたのであった(14)。

＊

さて、以上のL～Pの例からも、戦国の領主政所の人と空間のイメージは鮮明であろう。

第一に、同庄の荘園領主権を代行する政所僧は、紛争や戦争など荘園が非常事態に直面したとき、「公事」(もめごと)の先頭に立ち、軍勢を排除するために自ら決死の「閉門」を行ない、あるいは安全を保障する「制札」や安堵状の獲得に奔走し、必要経費の一括立替払いを行なうなど、自らの存在理由をかけて、荘園の平和維持責任を果たそうとした。

第二に、荘園の中心にある政所や大寺(荘園領主法隆寺の末寺)の郭内は、領主支配の拠点というだけではなく、惣庄の結集の庭となり、ときに庄民たちの隠れ「籠居」すべき、六ヵ村共同の避難所となるなど、非常時における庄民の拠点ともなっていた。

第三に、このような安全保障経費の調達について、「隠物之俵物」に賦課するという、新しい受益者負担の方式が、政所と地下の相談によって、永正十八年（一五二一）にはじめて採用されたらしい。このことからみると、地下共同の避難所という公共的な性格を、政所が強く帯びるようになるのも、やはり村がその主体的な能力を高めてくる、戦国初期とみるべきであろうか。

注

（1）この視点は勝俣鎮夫「戦国時代の村落」（『社会史研究』6）の問題提起に学ぶところが大きい。

（2）太子町斑鳩寺所蔵、快く調査を許された同寺、および写真撮影に当たられた館鼻誠氏にあつくお礼を申しあげたい。『太子町史』史料編1、参照。以下、引用箇所は年次で注記する。なお、この荘園の中世後期の動向については、大山喬平「室町末・戦国初期の権力と農民」（『日本史研究』七九）にすぐれた分析がある。

（3）この逃散については、勝俣鎮夫『一揆』、黒田日出男『境界の中世　象徴の中世』、入間田宣夫「逃散の作法」『起請文と百姓申状の世界』に豊かな追究がある。なお、政所不出仕については、入間田前掲書三一一頁参照。

（4）それは寺が世俗の要求や抗議などの意志を貫くために、寺社の門戸を閉ざし一切の神事・法事を停止するというもので、その対象となった者には神罰が下ると信じられていたのである。政所（俗域）から寺（聖域）に入った政所僧の「閉門」と、家（俗域）に「柴ヲ引」き「面ヲカコヰ（聖域化し）テ家内ニハ住」した百姓たちの「逃散」とは、その根を一つにする「籠り」の作法であったにちがいない。なお、注8、および入間田前掲書三一頁、参照。
（5）この事件の詳細は、本書第六章「落書・高札・褒美」一五五頁以下、参照。
（6）放状については本書第七章「逐電と放状」一八〇頁以下、参照。
（7）そのようにみるのが研究の主流であり、村の武力に鋭く着目した志賀節子「山科七郷と徳政一揆」（『日本史研究』一九六）も、「検断権の一部を惣地下が掌握していた」事実に注目しながら、これを「領主検断に果たすおとな層の重要な役割」と、きわめて慎重に位置づけている。
（8）この寺の閉門の背景には大和の大寺院の慣行があった。たとえば『大乗院寺社雑事記』に次のような記事がみえている。
＊兵庫関舟勘過事、寺門此間連々及訴訟、無御成敗之間、今夜八方大衆蜂起、明日可有両寺閇門之由一決、（補遺一、長禄三年十二月十八日条）
＊就番条庄事、……明日可有神水集会、云々、珍事々々、支度ハ社頭五ケ屋等閇門戸、幷一切神事・法事可停止之由、一決云々、自他神罰、可驚々々、（同、文明元年九月十九日条）
＊社頭幷七堂閇門、七大寺同、宗益当国違乱事也、越智・古市昨日罷上、色々閇門事雖申入、不可叶旨、集会一決、東大寺同、云々、（文亀二年七月十八日条）
（9）興福寺の閉門の実態に、とくに詳しいのは『多聞院日記』天文十一年三月十五日・永禄十一年二月十一日条など。山内裕之氏のご教示による。
（10）在地の側から制札を申請する例は東国にも見られる。永禄十年三月七日、長年寺受連覚書、『群馬県史』資料編中世3・二三四四号。

(11)「政所内、弁大寺築垣内ニ隠居」とも記される。なお、〈大永三年〉十月二十五日付、東政所西南院猛海書状『太子町史』史料編、参照。

(12)「隠物」の慣行は、他に本書一九八頁、『薬師寺上下公文所要録』永禄七年九月十六日条、『多聞院日記』天文十一年三月十七日・永禄十年六月二十五日条など、例は多い。藤木『村と領主の戦国世界』第八章参照。なお兵粮の拠出による村の安堵の例は、文明末年頃の播磨石峯寺文書三八に、継目御判（大名の禁制）の発行手続きは、明応五年の播磨正明寺文書三五〜三七に詳しい（『兵庫県史』史料編中世2）。

(13)「法隆寺五師年会衙記録」同年卯月七日条、『太子町史』史料編、参照。

(14) 図書寮叢刊『政基公旅引付』文亀二年九月一日〜十二日条。なお、田沼睦「都市貴族の下向直務と中世村落」『荘園の世界』および勝俣前掲論文、参照。

第十一章　在地領主の勧農と民俗

中世の北越後の在地領主の家に伝わった「色部《いろべ》氏年中行事(1)」の一書を、戦国の民俗誌として読みといてみたいという希《ねが》いをもって、学友たちと覚束ない集いをはじめてから、どれほどになるだろう。武家故実や民俗にくらい者ばかりのこととて、作業ははじめから渋滞し、身のまわりの関係辞典類だけに頼りきって、まだ中途である。

そのあいだにも、この「年中行事」を在地領主制の構造分析の対象にすえた、詳細な色部氏研究があいついで示され(2)、多くを学ぶことができたが、ことにも「岩船郡神《かみ》林《はやし》村桃川調査報告(3)」は、丹念な現地踏査と民俗誌への深い関心に根ざした労作として、わたくしどもの大切なよりどころとなった。かつて「越後国小泉庄加納現地調査資料」(孔版)にまとめられた一九六九年夏の小さな調査(4)に、わたくし自身が参加していたことも、この「年中行事」の奥行きを理解するたすけになった。

土着の在地領主の「年中行事」から、領主の勧農と百姓の民俗の習合の跡を読みとり、さらに年ごとに行事や儀礼を担う、中世末の職人の残影をも追い求めることはできないだろうか。また、そのことを通じて、在地領主の領域支配の仕組みや土着（在地）の根拠などにも触れることはできないだろうか[5]。

このような希いをひめた拙い作業のあとを、ともかくも「色部氏年中行事ノート」として、まとめてみることにしよう。

一　年中行事と百姓

吉書始

領主館の正月の儀礼は「年々正月一日より、御親類・御家風衆春之御礼[6]」からはじめられる。つまり「年始之御礼」であるが、そこには、この色部領のさまざまな階層の人々が登場して、「御座敷之次第」「御酒・御肴之次第」など、厳しい規式に従って「あつかい」をうける。座敷も酒肴もすべては、この領域での身分編成のありようと無縁ではない。私的な主従制つまり家臣団の世界のことは先学に委ねて、いまは「百姓」の登場ぶりにだけ焦点をしぼって、その姿を追ってみよう。

まず注目されるのは、正月三日の「吉書《きつしよ》」始めとのかかわりである。領主館の「三日之夜のわふばん五献」の主役は「殿様」（御館《たち》様）と青竜寺であり、この椀飯《おうばん》の宴の中心は、三献目に行なわれる「御吉書」の儀にある。

御館様をはじめ「惣躰の御家内衆」つまり家来たちの列座のもと、青竜寺の僧の手によって吉書が認《したた》められるにさいし、「百姓衆」が化粧桶《けわいおけ》の酒を運び入れ、縁では「本百姓のおとな」が塩引の引肴《ひきざかな》を行なう。四献目の吸物には、宿田《やずた》の村の百姓から上納された芹が、春の若菜として料理され、また、この日、百姓衆による「若水のあげそめ」や「御百姓衆手あぶりすミ」の上納なども行なわれる定めであった。正月三日、領主館の正月儀礼に、百姓衆の演ずる役割はまことに多様であり、また重い。

九州島津家中の上井覚兼の館でも、正月四日に諸出家・山臥・社家衆のほか、町衆や百姓の参礼が恒例とされているが、(7)色部館のように、百姓衆に特定の役割のあることは知られない。なお、島津家で天正十四年（一五八六）正月十一日に「旧例」に則って行なわれた「御吉書」の文言は、「一、神社仏閣造営之事、一、可専勧農事、一、国々年貢懲《徴》納之事」の三ヵ条であり、認め終えたのち、列座の人々の面前で読みあげられていた。(8)

このように祭祀・農桑・貢賦に関する三ヵ条を記すのは、武家吉書の常例であり、(9)儀礼的なもので無内容と説かれるのがふつうである。色部館の「御吉書」には何が記される習わしであったか、「年中行事」からはうかがう術はないが、数ある寺家のうち、最上の待遇をうける青竜寺の関与するところから、これを信仰行事とみて、正月八日に同寺以下の衆徒が参加して行なわれる「御守蘇民《そみん》」や「巻数《かんじゅ》板つり」にかかわる、護符の類とみようという提案もある。(10) もし、ごくふつうの武家年中行事としての吉書であったという想定に立てば、その文言は社寺の祭り・領主の勧農・百姓の年貢の三ヵ条であったといってよい。*

＊その後、現地神林村出身の田島光男氏の尽力によって、色部家にいまも伝わる江戸時代の「覚書」が発見され、「正月三日、青竜寺より古来より来る吉書」として、新たに次のような「吉書の文」が明らかになった（同氏編『越後国人領主色部氏史料集』一五六頁、一九七九）。

雑三箇条

色部・牛屋両条、早可致沙汰事

一、先可奉崇神社仏寺等事
右神慮之威光者、人以崇敬増威、仏陀之興隆者、民以勤行繁昌、然人民蒙福祐事、従上一人至下万民、寿命千年、従松柏奉陶米古跡、仍息災延命、恒受快楽

状、仍如件、

一、可築固溝池堤事

右今年者、湛池堤水江堀流安任溝口、不可入人夫之力、早勤東作業、可励西蔵濃(納)、取田夫鑵(鍬)催植女苗、本田満作、開発新田、可備数田公用、状如斯、

一、不可為御年貫(貢)以下雑米等未進事

右今年者、庄内安穏、五穀成就、何事有未進哉、仍庄官百姓等此旨承知、不可違、状如斯、

年号月日　　青竜寺

これによれば、色部館の吉書の内容は、①神社仏寺、②溝池堤、③年貢という、三ヵ条であったことになる。その源流として、古代の令制に国司＝守の職務を「掌祠社・戸口・簿帳、字養百姓、勧課農桑……」と定めているのが想起される（「令義解」職員令）。

なお、右の「覚書」には、これに続いて、「今日、年男まかり登り、門飾・心経会はじめ、吉書・蘇民の札など納め候旧例なり」と記され、冒頭にも「正月八日、日待の時、吉方え張る」と説明されている。吉書は正月はじめのオコナイの行事に中心的な位置を占めていたこと、吉書も蘇民将来の札とともに護符として扱われて

いたこと、などが知られよう（『新潟県史』資料編・中世二三六一〜二三六二収録）。

とすると、この日、百姓衆若水のあげ初め・御百姓衆手あぶり炭・宿田の百姓より芹の上納と続いたあと、御館様はじめ有力家臣の列なる面前で、百姓衆・本百姓のおとなに、化粧桶の酒・塩引の引肴の役を館の表と縁とで行なわせつつ演じられ、これを終えれば百姓衆もふくめて参列者全員に酒が与えられるという、この「御吉書」の儀は、はたして形ばかりの年中行事の一つに過ぎなかったと、通説のいうように軽んじて済ませてよいのであろうか。

この在地領主の領域統治にとって、ほんらいその統治行為の中核ともいえる、祭祀・勧農・年貢の三ヵ条を、「惣躰の御家内衆」「本百姓のおとな」等とともに、高僧を介してたしかめあう吉書の儀は、なおこの在地領主にとって、活きた儀礼として、統治技術上に大きな意味をもち続けていたのではなかろうか。

「年中行事」正月三日条は、その末尾に付説していう。百姓衆は前代までは吉書の席で「御酌」にはあずからなかったが、色部長真の代になってからは、長真様の「仰分」によって、いずれもに御酌を下されるようになった、と。これをもって、色部氏の領主制（領主―農民関係）の変化に対する領主的対応の象徴とみ、「年中行事」を、領主階級の年中行事に百姓衆を参加させることなしには、支配を全うしえなくなった段階の歴史的産物、とする提案[11]もあるほどに、付説にいう百姓衆に対する「御酌被下」は、重要な変化の一つであったことはたしかであろう。

ただ、この吉書の儀への多様な百姓衆の参加そのものは、「前代」以来の伝統とみられるわけであるから、右の提案のように言いきるのはむずかしいにせよ、ともかくも、このように活きて動くこの在地領主と農民の緊張関係の中で、演じられ続けてきた武家吉書の儀を、通説のように、形式・空洞の儀礼とのみは言い棄《す》てずに、在地領主の領域支配とりわけ百姓の意志の領有にかかわる、心意統治技術の一環として位置づけ、あるいは在地領主の勧農機能の残影と、それが近世の定書の類にうけつがれていく道筋を探る一つの手がかりとして、なお大切に保存しておきたいと思う。

節　分

さて、この吉書始とともに、領主館の儀礼にふかく百姓衆がかかわるのは、歳暮・正月の行事とも交錯する、立春前夜の節分《せちぶん》の儀である。

節分の夜、御かどたがいの御祝儀、本百姓・岩舟の御百姓衆・御館様と、彼三ケ所ゟ《より》年かへニ御祝ニ候、本百姓と岩舟ゟハ、山中紙壱本・御酒一双・御肴そへ、あげ申候、同せちぶんの夜、大麦ニ小豆をそへ、御めしゐだし、さがりくちゟあげ申候、すぢこを御まハりにいたし、台所ゟ御めしあげ申候、

中世も後半の時代には、陰陽道の影響をうけた除災・邪気払いの立春正月としての節分の夜には、主として方違《かたたがえ》の儀が、形式化して公武のあいだに行なわれていたといわれ、この在地領主の館にもたしかにその跡が認められる。ただ、色部領のばあい、その「御かどたがいの御祝儀」のわく組みは、領主層（御親類・御家風衆）のあいだで完結するのではない。それは、吉書始にも引肴の役を担った本百姓と、岩舟の御百姓衆と御館様との、三ヵ所の「年かへ」（年替）という、百姓衆とのあいだにひらかれた形で成り立っていて、この故実もまた、形ばかりとはいい切れない、在地領主の土着支配の奥行きを示唆している。

しかも、右に引いた後段の大麦・小豆などの上納が、室町時代初めにはたしかに始まると知られる、節分の豆打[12]にかかわるものならば、この節分の方違の儀が百姓衆を組みこんで成り立っている以上、もう一方の豆打もまた、たんなる邪鬼追いの呪術で

あるだけにとどまらず、豆占いといわれる、正月の御田植に比すべき、農作の豊穣を祈念する予祝の民俗を包みこんでいた可能性が考えられてよい。

一つの憶測にとどまるが、この一連の節分行事を一方的に外からの移入習俗とみぬかぎり、ここ色部領では、むしろ後段の百姓衆の民俗が武家の方違を包みこむ形で、百姓衆・御館様「年かへ」というような、特異なしくみの節分行事を成立させていたのではなかったか。

せちつき

こうした儀礼の色合いの濃い行事にくらべれば、領主館での一連の正月迎え行事への百姓衆のかかわり方には、儀礼化されながらも、むしろ課役勤仕の性格がよりあらわである。

まず、十二月十三日条にかかる、「御せちつきの米請取申候事」という標題（事書）をもつ、「せちつき」の行事をみよう。同二十六日条に、

是も御せちつきニいたし申候、彼三ケ所の御飯米ニ而、正月の御まかない申候、御台飯《だいは》の人数もおゝく候時ハ、別而御飯米御過上せられ、御賄ニ御させ被成候、

と記されるように、このせちつきの米は、領主館の正月の飯米のすべてをまかなう。せちつきは節搗きである。正月用の飯米を用意し、米搗きを行ない、門松を迎え、煤取を始める等の民俗を伴う、この十二月十三日は、ひろく米搗き正月・正月初め・正月迎えなどと、土地ごとに呼びならわされ、『徒然草』にも暮の魂まつりの民俗として知られているが[13]、この「年中行事」も中世末の在地領主のそうした古俗を語る。

このせちつきを上納するのは、色部領のうち宿田・浦・桃川の三ヵ村とされ、それぞれに納法が特定される。以下原文を抄示すると、宿田は「宿田の内作田の御年貢米、七俵」と定められ、浦は「忠杢助とりつぎ申候、浦分の御年貢米、十三表《(俵)》」と定められ、ともに十三日に納入（請取）が行なわれる。ついで二十六日には「六人半名御百姓衆ゟしゆたう《(収当)》の米、一名ゟ五斗宛」の定めが記され、これで「三ヵ所の御飯米」が調うのだという。

この「六人半名御百姓衆」の「しゆたうの米」の納法の例式については、

御百姓衆ゟあげ申候しゆたうの米は、はく壱俵宛・黒米弐斗宛、合テ五斗あげ申候、是ハ桃川の御百姓衆ゟあげ申候、同半名ゟハ、はく壱斗五升・黒米壱斗上申

候、宿田の御百姓衆ゟハ、黒米壱俵宛・はく弐斗宛上申候、何も収当升にて納申
候、

の付記があり、六人半名の御百姓衆が桃川と宿田との百姓であることが知られる。「桃川の御百姓四人半名、幷ニ宿田の御百姓両人、已上六人」（七月十三日条）という記載や、「桃川之御百姓四人半名」と「宿田の御百姓両人」の併記（おなじ十二月十三日条）などの諸例の示すように、六人半名のうち四人半名は桃川、二名は宿田の御百姓衆ということになる。[14]

さて、以上の抄示から、おなじせちつきの米の納法ながら、十三日の宿田・浦分は「御年貢米」が各七俵・一三俵で、二十六日の六人半名の御百姓衆は「しゆたうの米」を名別に均等に五斗、と対照的である。しかも俵と斗とを「いわふねます三斗入壱俵」で換算比較しても、宿田の年貢米七俵は二一斗、宿田の二名分の収当米は一〇斗となり、二つの記載は明らかに別内容であり、納法を異にする。

「宿田の内作田」とは、あるいは永禄六年（一五六三）の段銭請取日記の、「六千苅やく一貫二百文　屋と田御りやうせう《（宿田御料所）》」等の記載に対応する色部氏直轄分と、そこに設定された領主直営田としての佃の存在を意味し、そのことから「佃」と名とを別項に別

方式で記載したものといえようか。

「忠杢助とりつぎ」とは、右の段銭請取日記にもみえる「五千八百苅のやく一貫百六十文忠杢助刷」の刷《あつかい》と同義で、「年中行事」に「浦分の御小使」として現われる村田某らを介して、浦の色部氏直轄分を差配する代官の意であろう。ただ、次の桃川をふくめて「三ヵ所」ともに、宿田殿・浦殿・桃川殿という「御親類衆」等が早くから「一分地頭」等として土着自立し、「年中行事」にも登場する以上、せちつき米の賦課は、その村々の全域に及びうるものではなく、色部氏の直轄分支配の方式の一断面にすぎない。

「御年貢米」と「しゆたうの米」とのちがいは不詳であるが、それにしても「せちつき」の儀礼にさいし、作《(佃カ)》田とか均等な名別賦課の方式など、小泉庄加納の地頭職として出発した色部氏の領主支配の原型が現われてくるのであり、おなじ十二月十三日条の「年々十二月十三日ニ御畳のうら上候覚」にも、桃川四人半名・宿田両人の「御百姓」以下、諸社などが畳裏こも《(菰)》を賦課されるなど、この「年中行事」に年貢・公事をあわせて負う、名編成の残影は目をひくものがある。

ところで、以上の三ヵ所のせちつきの米の賦課（「定請取」）の記事には、ほぼ共通して「作ニより候て、其内も御侘言申上候代も御座候」という趣旨の、付記がそれぞれに加えられている。つまり、その年どしの作柄によっては、減免要求の容認される先例もある、というのである。その一方で「別而、御飯米御過上」つまり割当て以上に取り立てる先例をも併記しているのである。だから、このせちつきの米の収取は、領主側の「過上」要求と、百姓側の「侘言」要求との緊張した関係をひめつつ、慣行化されていることになり、これを支える作田・名別などの方式も、儀礼を通して、たんなる残影にはとどまらない特異な意義を担って浮かび上がって来る。

この日の「せちつき」に随伴する、「御畳のうら上候覚」も、民俗の「年薦《こも》」「菰《こも》の内」「福むしろ」などと呼びならわされる、正月迎えの吉事を連想させるが、領主勧農の本姿とどのようにかかわるものかは明らかでない。

門松立・せちろ俵

領主館の正月迎え行事の仕上げとして、百姓衆のかかわるのは「門松立」と「せちろ俵」の上納である。

拾弐月つごもりに、本百姓・宿田の御百姓参候、……御門松立させ申候、大門へ樽一双、小門へハ御つるくび壱双、おり申候、大晦日、領主館の大門と小門に、それぞれ酒樽・鶴頸の酒一双を添える「御門松立」の儀が、本百姓・宿田の百姓の手によって行なわれる。これも夫役の一つの形ではあろうが、その担い手は正月儀礼を通じてほぼ特定され、門松にたんなる年飾というにとどまらない、作神（農神）の色濃い歳神のよりしろという観念が活きていたとすれば、この門松立もまた、領主の土着性を支える百姓統治技術としての、勧農儀礼の一環をなしていた可能性もある。

正月三日の晩、「御門松おさめ」が行なわれるが、その作業はもっぱら「御下のもの」に委ねられている事実も、この推測を支え、「御門松立」の儀への百姓衆の参加を、たんに夫役とのみはみなしがたいことを示唆していよう。なお、この「御門松おさめ」は、その日時や従事者などからみて、松囃子（松拍）の祖型ともいわれる、松曳きの神事芸能に結びついているとみる余地もあるが、これを担う「御下のもの」が、おなじ三日条に現われて祝儀銭二〇〇文を与えられている、「かハらのもの」などと関係するかどうかも含めて、まったくの推測の域を出ない。

さて「せちろ俵」の上納とは、

桃川の御百姓四人半名、幷ニ宿田の御百姓両人、已上六人ゟせちろ俵六俵・さば壱指宛そへ、大年ニ上申候、

という例式である。大年つまり大晦日から元旦への、正月迎えの終りの儀礼として、またしても桃川・宿田の六人の御百姓によって「せちろ俵」の上納が行なわれる。この記載から、桃川の四人半名が人数としては四人であり、「名」「半名」は賦課単位であると知られよう。

島津領の上井覚兼のもとに、十二月二十四日「庄内上井之門《かど》之百性(姓)」が歳暮の礼に参上している例[15]などに対比すれば、これら六人の百姓衆も、色部氏と伝統的に深い私的な関係で結ばれた存在、としてみることも一案かと思われるが、「本百姓」の位置も未解決である以上、課題として残される。

「せちろ俵」も難解だが、もし「せちれう」(節料)の転訛だとすれば、右の文意からみて、鎌倉幕府法の追加法第三九条(寛喜四年卯月七日)五節供事条にいう「歳末節料」が想起される[16]。この条は、「至五節供者、一向可令停止地頭口入也」という先の「下知」を承けながらも、「至于歳末節料者、地頭可分取也」と、歳末節料については地頭の得分とすべきことを公認したものである。「せちろ俵」が仮にこの系譜に

連なるとしても、この地頭色部氏に納められる「せちろ俵」は、「彼せちろ俵ハ、それ〴〵ニ御遣被成候」と付記されるように、節料収取の一環であるとともに、むしろ大年の儀礼性のより色濃いものに転化しているようである。

七夕と盆

この「年中行事」は秋の祭りや儀礼についても詳しい。いまは百姓とのかかわりにかぎって検討しよう。まず、秋のはじめの七夕の行事は、

一、七夕にさうめん御祝候事、かうずの木のはを、御ごきのかいしきニいたし、めんすもり候て、めしあげられ候、

とみえ、七月七日の索麵《そうめん》の祝いを中心に行なわれた、五節供の一つ七夕の古俗をゆたかに伝えるものとして心ひかれる。また、この記事につぐ「一、同七夕の上物之事《あがりもの》」条で、五日市・横浜の「両町」等から、「さうめん」のほかに鯖一五指《さし》が納められているのをみると、七夕は「盆鯖《ぼんさば》」の祝いに連なる、盆行事の一環（ボンハジメ）としての性格をもおびていたか、とも考えられるが、盆鯖の上納は別条にみえるため、な

お疑問にとどめよう。

「七夕の上物」として、むしろ注意をはらいたいのは、次の記事である。

桃川の御百姓四人半名ゟわせ出候へば、わせのはつとして、一名ゟはく五升宛上申候、是も収当升にておさめ申候、

つまり、この色部領の七夕は、早稲の初穂が領主館に上納される日という、もう一つの重要な儀礼をそなえていた。

七夕には藁《わら》馬に田の神が乗って田めぐりをするという、後の世のこの地方の民俗の信仰や、七夕様を農神とみ、七夕を水にかかわる農耕儀礼とみなす、民俗のありよう⒄に添う付会ができるならば、桃川の「御百姓」による名別五升の初穂上納の儀は、節料収取という物質的な実質よりは、領主勧農権の一つの総括であり、農耕儀礼の結晶ともいうべき、早稲の初穂の献納を通じて、領主自らが豊作を祈願する農耕儀礼を主導し、自らの土着性を支える勧農を体現するための、ハレの演出に意義があった、と推測してみたい。

七夕につぐ盆行事の中心は、「盆鯖」を「はすのは二壱さし宛つつミ申候て御祝」

という儀礼にあるとみられるが、この行事の中にも、

七月十三日ニ御あらいね米とて、六人半名の御百姓ゟしゆたうます《(収当升)》壱升宛上申候、

という「御あらいね米」上納の儀がある。これは盆棚に供物とされる洗米の意か、新稲のことか、難解であるが、盆行事が、仏説による魂祭と農耕儀礼としての新穀豊熟の祈願という、両側面をそなえていたとするなら、領主館の盆礼への、百姓衆のこのような形での参加もまた、七夕の初穂上納につぐ、領主勧農の儀礼としての影をうかがわせるものがある。

神々の祭り

九月十九日《ナカノクニチ》の大明神の神事祭礼は、「御的之次第」や「相撲の次第」を行事の中心とし、御館様はじめ有力な「御親類・御家風衆」が主役として登場する。

しかし、この神事のための公事夫役として、桃川の御百姓に「四尋《ひろ》布」三端が課せられ、また六人半名の御百姓に「へいかき《(塀垣)》」「柴かき」を結う役が、それぞれ「一名ゟ五ひろ宛」「一名ゟ八ひろ宛」という割で名別に賦課され、しかも、「ひろ」の規準

として「御館様ゟ定尺」が下付される、という。神事勤仕の底にひそむ館主賦役の本質が、はしなくもその断面をのぞかせる。さらに、六人半名の御百姓は、この日の神事にさいして、「秋の御はつを」の上納をも負う。神々への初穂献納の儀である。

　この大明神は、「年中行事」からは特定できないが、ここ小泉庄の本庄氏・同庄加納の色部氏ら同族が、互いに交わす戦国期の起請文の神文に、しばしば「特ニハ当庄鎮守貴舟大明神」のように明記している多くの例をみれば、延喜式内社である岩船の貴船大明神（いま岩船神社）にあてるのが自然であろう。とすれば、この祭礼は「当庄鎮守」の秋祭りという、色部領随一の大祭を意味することになる。御館様以下の神事参加というのも、それゆえにこそと解されるが、それにしても、神役勤仕が六人半名にかぎられるという事実は、これら桃川・宿田の六人の「御百姓」の、領主儀礼に占める地位の特異さを際立たせるばかりである。

　当庄鎮守大明神の祭礼を彩る「御的」「相撲」などの儀が、農作にかかわる年占《としうら》の民俗として人々の心意に映っていたかどうかまで探るすべはないにせよ、領主側の規式による御百姓からの「秋の御はつを」の総鎮守社への献上が、この領域で新穀の収穫を祝う、領主の主導するもっとも公式の、報賽《ほうさい》の神事とされていたことは明らかである。この「年中行事」では、「御ふけひの御初尾」とも呼ばれて、この秋のほか春と大年にも、それぞれ銭納される定めとあり、稲穂の供進という原型にくらべ、形式化の傾向は否めない。

ただ、たとえば近世の『地方大意抄』(18)などが、「民を取扱候大意」として、

尤御年貢は神へ上候御初穂と相心得、随分大切に、一粒つゝ撰立候積《つもり》に出精仕、相納候様に、

という、いわば年貢＝初穂観を「耳近きたとへ言《ごと》」として説いているのを見逃しにはできまい。このように、年貢をもと共同体の神事や儀礼に伴う、神々へのたてまつり物とみなす観念の系譜に想いをはせてみても、中世末色部領の七月から九月の「年中行事」に記された、初穂をめぐる百姓と領主と神社との関係を、形ばかりの儀礼として軽んじることはできないであろう。

なお、百姓衆の与ることを明記してはいないが、「年中行事」には、この大明神の神事のほか、四月の中の申《さる》の日を祭日とする、古色部の山王社（牧目に小字「山王」がある）の祭りから、霜月二十五日に行なわれる、桃川の天神ノ宮（所在は不明）の祭りにいたる、一〇ヵ村・一五社の神事にさいし、ほぼ共通して「御酒」・「強飯」お

よび山海の産物から成る神供物の一部が、各社から領主のもとへ届けられる規式が記されている。

もし、これがそれぞれの祭りを支える村々と領主とのあいだに、神供の分かちあいという、直会《なおらい》に類する儀礼が成り立っていたことを意味するならば、村々にわたる心意統治の面で、この祭りの規式が、在地領主の土着性を保障する、大切な機能を果していた、とみる余地も残されていよう。

なお、心意統治という以上、このほかにも、たとえば「年々寺社領ゟ上候簾《みす》之覚」にみえるだけでも、二四にのぼる寺（一三）・庵（五）・院（四）・堂（二）や、さらにこれ以上の地位を占める諸上寺《しょじょうじ》・千眼寺ほかの寺院の存在を除外することはできないが、いまは百姓関与の直接の徴証のみに限るため、他日を期すこととしたい。

さて、以上を通して、年ごとの神事・儀礼への「惣之御百姓衆」の参与について、勧農と民俗との習合という視点から、在地領主の統治技術の非物質的な奥行き、その土着性を支える心意支配の根源を探ろうとして、観察を試みてきた。それにしても、神事賦役への「定尺」の下付といい、「せちつきの米」をめぐる「過上」「侘言」の対抗といい、領主儀礼への百姓の参与をつらぬく、年貢公事夫役の収取をめぐる緊張を見落としては、儀礼の底にひめられた領主勧農権の本質を見失うことになろう。

領主・農民関係や収取体系の問題について、なおたとえば、領主のもとで諸儀礼を支える「六人半名の御百姓衆」に限ってかえりみても、その物質的な負担の荷重は甚大なものがある。名別賦課の百姓内部の実態、六人半名の特異な地位など、「桃川調査報告」にも数々の示唆が盛られており、いまはすべて先学の論究に委ねよう。

二　年中行事と職人

職人群像

次に、この「年中行事」を通して、儀礼に登場する色部領の職人のありようを探ってみよう。この記録の末尾に「御前様へ参被申候かたぐ〳〵、御盃幷ニ御引出物被下候覚」という、ほぼ五丁にわたる覚書がある。

この「覚」には、正月のほか大年や諸社神事のさいの給付や支出も追録され、受給者も家臣団以下じつに多様な人々を含むが、記載順と支出内容により、前半の「一束一本」等の引出物の層と、後半の銭一〇〇文等の祝儀銭の層とに、いわば故実の面でほぼ判然と区別され、それぞれにほぼ日を追って記入されている。

引出物の層は、家臣団の「御座敷之次第」で「主居」の筆頭を占める田中左近将監殿にはじまり、神主殿・大夫・御染屋・番匠衆におわる。ついで祝儀銭の層は「御めしもたせ」「御膳持」などの人夫（悴者）たちにはじまり、「牛玉持《ごおうもち》」（正月）、「毘沙《びしゃ》門《もん》くばり」（正月追録）、「古月《ふるつき》はらい」（大年）などにいたるもので、この層の全容は

日		所　属	祝銭（文）
元　日	御めしもたせ	兵部少輔所	100
二　日	御膳持	若狭守殿	100
三　日	御膳持	将監所	100
	若木むかい		20
	たいし＊		500
	かハらのもの		200
	牛玉持	西念寺	20
	毘沙門くばり	（追記）	50
六　日	茶の子持	興昌寺	20
	牛玉持	あんやういん	20
十一日	御かいそめ		20
	百姓両人	河内	60
十五日	おりもち	大明神	15
	おりもち	代官殿	10
	ちやのこ持	法勝寺	20
	茶屋		100
	安養坊		300
	御肴こひはじめ	五十嵐久右衛門	250
	としおとこ		20
	肴持	横浜	20
	肴持	五日市	20
	肴持	塩屋	20
	肴持	桃崎	20
	けんてうと	御下	30
	おとこ	御下	200
	牛玉持	洲崎	20
	晦日はらい		26
	あめもち		20
	牛玉持	海蔵寺	20
大　年	まなこもち		20
	茶屋		50
	かハらのもの		100
	古月はらい		66

表1　正月祝儀銭の人々

表1の通りである（＊印以下三人、色部正長氏本では五日）。

これら祝儀銭の層は、大別して、①有力家臣の「御膳持」、②寺社の「牛玉持」「茶の子持」「おりもち」、③町や村の「肴持」、④所属不明の「若木むかい」「たいし」「かハらのもの」「としおとこ」「晦日《つごもり》はらい」「古月はらい」「毘沙門くばり」などを主なものとする。①②③に属する者のおおよそは「……持」の語も示すように、それぞれの主人や共同体から領主館に献上物を運び届ける、使いの者や人夫の類であり、①には一〇〇文、②③には二〇文宛というのが、与えられる祝儀銭の例式とみうけられる。

④の所属不明の人々は祝儀銭の額も多様である。このうち、としおとこ・若木むかい・晦日はらい・古月はらい・毘沙門くばり、それに②の牛玉持など、正月迎えの民俗儀礼に深くかかわっていた人々は、百姓とも区別されて土着する人々であったのか、寺社の内に隷属する者であったか、あるいは漂泊の俗信・大道芸の担い手たちであったものか。

たとえば、正月三日（毘沙門の縁日）に五〇文をもらう、毘沙門くばりの登場は、一七世紀末頃、西鶴が『世間胸算用』で描いた、「都（奈良）の外の宿《しゆく》の者といふ男ども」が正月元日に「たはらむかへ」、二日に「恵美酒《ゑびす》むかへ」、三日に「びしやもんむかへ」と、三が日の明けがた、町中に呼ばわって、木版摺りの大黒・恵比須・毘沙門の三福神の紙絵札を売り歩く、という状景を想起させるものがある。いま特定の寺々に属して現われる牛玉持たちも、民俗の祈禱札売り・牛玉札売りを職とする、漂泊の人々に近い性格をもちはしなかったか。(19)

わけても、正月三日にみえる「たいし」、その日と大年にみえる「かハらのもの」の祝儀銭は、たいしが五〇〇文（色部正長氏本には五日、一〇〇文）・かハらのものが二〇〇文・一〇〇文と、ふつうの人夫らの二〇文とは桁ちがいの高額を与えられる。これをみれば、その職能も地位も、祝儀銭の層の中ではぬきんでていたとみられようが、さまざまな想いを誘うばかりで決め手はない。

染　屋

これら祝儀銭の層の職人たちにくらべれば、引出物の層の末尾に名を列ねる染屋・番匠衆は、「年中行事」ほかの随所に、より多くの手がかりを遺している。

染屋は諸職人中で「御」の敬称をもつただ一つの職で、盃や引出物が「肴一献、くたのもち一かさね、壱束壱本」というのも、「大夫」と同等の扱いであり、一般家臣のそれに匹敵する。ただ、一月八日に参礼する「御染屋佐藤新二郎」のばあい、先の御染屋が「御座敷ハおすへ」であるのに、「御中間にて御盃バかり」という扱いであるのは、おなじ染屋の階梯性を示すのか、異なった職人集団に属するものか、「年中行事」自体の記録の錯綜によるものか、にわかには決めがたい。

大永五年（一五二五）の「段銭立候日記」に、多くの寺社や大工・曲師《まげし》とともに記される「御そめや新五郎」は、右の御染屋佐藤新二郎との名前の類似から、系譜の連りを想わせる。さらに、かれが段銭という土地課役の負担者であることも注意をひく。永禄六年頃（一五六三、推定）の「段銭当春とり之ぶん」に、

四百苅のやく
八十文　　御そめや

三百苅のやく
四十文　　まげし七右衛門

四百苅のやく
八十文　　ばんしやう三郎右衛門

と記載され、一〇〇苅につき二〇文の段銭を負っているところから、この一六世紀頃の御染屋が、少なくとも四〇〇苅の土地と結びつきをもつ、定住者であったことはたしかであろう。

この色部領と荒川で境を接する、荒河保の正応元年（一二八八）の在家注文に記される「非人所」「紺書（掻）跡無跡」、さらにそれから二世紀の後の延徳元年（一四八九）にみえる「ひにんかうや」（非人紺屋）などの姿に想いをはせて、横井清氏はこれを、流浪のはてに染色の技術を身につけ、一処に定住するにいたった人々のかすかな痕跡とみ、漂泊の職人たちがついには在地領主制の生産構造の中に再編成されて、一個かつ独特の小集落を形づくって定着していくが、かれらの社会的地位とくに身分上のあり方については、まことに厳しい行手を見通さなければならない、と述べた[20]。

いま一六世紀の色部領の段銭日記や「年中行事」に現われる御染屋は、おなじく在地領主のもとに編成されながらも、「御」の敬称と給免田かともみえる四〇〇苅の土地をもち、非人紺屋とは対極的な、特権職人への途を歩んだ人々の姿を示しているのであろうか。

番　匠

さて、引出物層で、この御染屋についで記される番匠衆は、年賀の礼の正月八日と「歳末の御さいく」の十二月二十七日に、六人から成る単一の職人集団として姿を現わす。正月八日は四ヵ所に重複的に記され、一連の儀礼なのか記録の錯綜か判然としないが、「御中間」で「何も御盃計《ばかり》」という扱いは「御染屋佐藤新二郎」と同等である。かれらは番匠衆と一括されながら、「大工」と「其外の者共」(其外・面々・惣の番匠衆)とに分けられており、領主館での扱いも、祝儀銭では大工が二〇〇文、そのほかは一〇〇文、引出物でも大工だけは鯖・昆布・にしんのほか、せちろ俵だけ多いというように、明らかに差別される。ただし、本書の「年中行事」という性格上、これらは儀礼的な給付で、細工に伴う食料・作料そのものとみることはできない。「大工」左衛門五郎をはじめとして、「面々」が新右衛門・四郎左衛門・五郎左衛門・三郎左衛門・平四郎の順に、正月と年末とにその名を連ねているのは、一つの階梯性をもつ、まとまった集団であることを思わせ、たんにある細工のさいに採られる労働編成であるよりは、固まった組織内の身分階梯か、あるいは面々の名前の類似からみて、大河直躬氏が工匠家族と呼んだような、ひろい同族的な階梯組織であった、とみるのがふさわしいかと思われる。(21) これら中世末の番匠衆の名は、この地域での古い棟札発見への夢を誘わずにおかない。

さて、この色部領に番匠衆の古い痕跡を辿ると、鎌倉末の「番匠免」・「ばんしやうざいけ」一宇にはじまり、一五世紀なかばの文明年中にも「一所　四百かり　某が大くめん」がみられる。先にもあげた大永五年(一五二五)の段銭日記にみえる「大工源左衛門」は、天文初年頃（推定）の岩船の諸上寺《しよじようじ》領にも「百三十苅番匠メン源さへもん」と記され、天文四年（一五三五）の同寺領の「田帳」とその別紙にも「百五十苅大工三郎大郎作」・「百かり　大工めん」がみえるなど、番匠免・大工免等の給免田の設定は、色部領の歴史とともに、早くから認められる。また永正六年（一五〇九）の耕雲寺領納帳に、

番匠大工
二百地　屋敷給恩　浦殿之分
三貫六百地　松陰大工面　色部殿之分
已上三貫八百文

とみえるのも、大工免や屋敷給恩を基礎とした、色部領の番匠衆の定住の性格を示している。

また「年中行事」の番匠衆に連なる系譜を示すかとみられるのは、大永年間の諸上寺領の年貢納帳に年貢負担者として登録される「大工五郎さへもん」「大工三郎さえもん」「大工五郎右衛門」や、大永八年の同寺領「なわしろ之年貢」帳にみえる「大工さ

うさへもん」「大工五郎さへもん」等であり、二人もの名前の一致は注意されよう。

ついで、永禄六年頃（推定）の段銭請取帳には、「年中行事」の番匠衆のうち五名までが、段銭納入者としてその名を現わしてくる。関係分を記載順に抄示すると、

五百苅のやく 百文　ばんしやう新右衛門
五百苅のやく 百文　同　四郎さへもん
八百苅、此内百苅のあれ地 百四十文　ばんしやう平四郎
四百苅のやく 八十文　ばんしやう三郎右（左カ）衛門
千苅のやく、この内二百苅、松かけ半やく 百八十文　ばんしやうさへもん五郎

と、「大工」左衛門五郎の一〇〇〇苅をはじめとして、合せて三二〇〇苅（内二〇〇苅分は無役）の土地に対して、六〇〇文（一〇〇苅につき二〇文）の春段銭を課されている。

苅高表示の地積に対し一〇〇苅につき二〇文という基準で、家臣・寺社領・御料所

なみに、一連の台帳によって段銭を課されているのであるから、この「やく」を番匠衆の営業税とみるのは不自然であろう。一般に工匠の給免田が段銭を免れえたかどうかは未詳であるが、以上の所見から考えるならば、この番匠衆は領主から付与された給免田を基礎として、おそくも一六世紀初頭には領域内に土着化を果たし、領主の生産編成に組みこまれるにいたっているのである。「年中行事」に有力家臣や神主たちにも伍して、引出物の層として現われ、領主館の「歳暮の御さいく」に当たる番匠衆は、それら工匠たちのうち、もっとも特権的な存在であったことを示すものではなかろうか。

曲師

はじめにあげた「覚」には記されないで、「年中行事」に登場してくる職人たちも少なくはない。曲師・畳さし・鏡とぎ・あいもの屋などがそれである。

曲師・まげし・まげし屋・まげし衆などと表記される、曲物《まげもの》（杉や檜の薄板でつくった器物）づくりの職人の姿を伝えてもっとも詳しいのは、「年中行事」十二月二十日条・七月十三日条である。

十二月廿日ゟ五日市・横浜の両まげし参候て、わうばんの御さいく仕候而、上申候
物数之事、

と題される記事によれば、十二月二十日にはじまる「御用のさいく」の内訳は、一五種類・三五個以上、七月十三日に「盆かい」として調えられた「木具」の分を合せれば、二〇種類近く一〇〇個を超える細工（表2）が知られる。

曲師たちは、岩船の浜近い五日市・横浜の「町」に住む「両まげし」にわかれ、「五日市のまげしや」が単独で現われもするが、「まげし衆」といわれるように、それぞれに工匠集団を形づくっていた。「わうばんの御さいく」が終って領主館で「御台所ゟ御祝の物」を与えられる人物として、「まげし七郎左衛門・同惣左衛門」が登場し、「盆かい」のさいにも、「酒代」を与えられる者として、「六十文、布川八郎二郎」とともに、「まげし七郎左衛門・同惣左衛門」が重ねて姿をみせている。

別の十二月二十日条の支出項目に、

一、弐拾文　五日市のまげしやへの酒代
一、弐拾文　鈴木惣左衛門所への酒代

と連記されているのをあわせ考えると、まげし七郎左衛門は五日市の曲師衆、鈴木惣左衛門は横浜の曲師衆を、それぞれ率いる曲師大工であったかとみられる。

また、「御守蘇民」「巻数板つり」「修正会」など春祈禱の行事あいつぐ正月八日に、番匠衆・御染屋らについで領主館に参礼する「鈴木与七郎、曲師いたし（候脱カ）者」がある。番匠・染屋がともに「御中間」に座を与えられるのに対して、この曲師鈴木与七郎は「御でい」と異なった座敷であるのは、これら諸職人の地位の差を示していよう。おなじ曲師で与七郎だけが領主館に参礼し盃をうけていること、まげし鈴木惣左

季	まげもの	数
大年の細工	御ついかさね	8ぜん
	たらい	3ツ
	若水桶	3具
	御ぎやうずいおけ	2ツ
	すいなふ	2ツ
	すみとり	3ツ
	ちやおけ	3ツ
	ひさく	3ツ
	かいげ	2ツ
	なつとうばち	3ツ
	かなつぼ	2ツ
	おもゆひさく	1ツ
	めしびつ	1ツ
	こかくかんなかけ	?
	其外	?
盆の細工	くぎやう	4ぜん
	はち	4ツ
	かんなかけ	30まい
	大たらい	1ツ
	御茶子折敷	30まい
	ひさく	3ツ

表2　曲師の御用細工

衛門とおなじ鈴木姓であることなどからみて、曲師衆は鈴木与七郎のもとに集まる、ひろく同族的な階梯性をもつ集団であった可能性が高い。

ところで「御用のさいく」(表2)は、彼らの工房での製品の買上げではなく、すべて領主館に曲師衆を集め、仕事場・食料・作料までも供与して行なわれた。そのことは「まげし衆参、御さいく申候時、米壱斗八升御酒ニ作、たべさせ申候」とか、「わうばんの御さいく申候て、かへり申候時」に、うる米壱斗・昆布十は・にしん壱連・炭十籠を渡す、と記されていることからもうかがわれよう。また、盆の細工の折には「木具の代」として二〇〇文が支払われていることからも、一連の細工を領主がかれらに課した賦役とみることはむずかしい。

このように領主館に曲師衆を集めて数々の細工を行なわせているのは、正月迎えという祝儀性のなかに、曲師ほんらいの漂泊移動の営みという原質を露しているのであろうか。

なお、先の「段銭当春とり之ぶん」には、まげし七右衛門が染屋・番匠とおなじように記されている。ただ曲師への給免田の存在は知られないが、大永年中の段銭日記や年貢納帳にも、「まげし」「まげし三郎太郎」が土地とのたしかな結びつきをもって現われているから、以上の諸職人とともに、一六世紀初頭にはすでに工匠としての肩書を明記されつつ、同時に年貢・段銭をも負う、土着的な性格をおびていたことが察せられる。

畳刺・鏡研・渡守・四十物屋

「畳さし」は、十二月十三日に宿田の御百姓らから上納された「御寝畳のうら」「いと」「へりぬの」を供与され、領主館において仕事にあたる。「おもてをば御館ゟ御めし候て、御さゝせ候」とあるのは、「おもて」を領主が別に調達するというのか、「畳さし」が持参するものか、判然としない。「塩引一丁、御畳さしかへり申候時、被下候」という。年の暮れに祝儀の塩引一本をもらって、どこに帰っていく職人であったのか、傍証は得られない。

おなじ年末の二十七日には、「御かゞミとぎ候て、御いとま申候時」に、もち米五升が布川という者に渡される。青銅の鏡をトクサ・トノコなどによって磨き、ミョウバン・水銀・錫その他の秘薬を塗って仕上げる、鏡研ぎの職人(22)もまた、大年近くに布川所（後述）を介して領主館に招き入れられているのであるが、「いとま」の後のゆくえは知られない。

また、「渡しもり」も逸することはできまい。「桃崎の渡しもり」が正月十六日に領主館に参礼して、「半形のもち一まい」というささやかながら祝物を与えられている。こうした「年中行事」での地位は、桃崎の地が荒川・旧胎内川の合流して日本海に注ぐ河口にあって、北陸道（羽州街道）を塩谷・岩船へ舟渡しで結ぶ要衝にあたる、[23]ということによるのであろうか。

大永年中の岩船諸上寺の年貢納帳に「わたなへ源五郎百五十苅」とみえる「わたなべ」の肩書は、「大工」・「まげし」などと同形式であるところから、右の「渡しもり」に近い職人の存在を示しているようでもある。いま桃崎浜対岸の塩谷の荒川河口近く、もとの氾濫原の一画に小字としてのこる「渡古屋敷《わたりふるやしき》」も、井上鋭夫氏が示唆されたように、「わたしもり」「わたなべ」「わたり」びとの、中世ふうの定住の仕方を推し測る手がかりになるかと思われる。[24]なお、鎌倉末期の色部領の田数帳にみえる「四百苅ふな免」が渡守の系譜に結びつくかどうかは不詳である。

「あいものや（四十物屋）」に関する「年中行事」としては、十二月十五日に「五日市のあいものや」、同二十日には「横浜のあいものや」が、いずれも昆布一駄・にしん二束・鯖五〇指ずつを上納して、それぞれ三〇〇文ずつを支給される例である。

ただ、これらあいものの請取の付記には、「此分上申候、是ハさだまり申さず候。としく〳〵の商売ニより候て上申候」とある。これによれば、歳暮のあいものの上納量は、岩船の「町」場の四十物屋《あいものや》の、その年どしの商い高の多寡によって左右される、一種の営業税的な性格をおびていたわけであり、支給される三〇〇文も、代価ではなく祝儀銭であったことになる。

市町の頭

おなじような関係は、同日の「平林の下町ゟ上物之事」条にもみえる。この城下の「町」場から上納される、鯖十指・昆布十は・にしん一連・塩引二丁・一双紋一具・ひぼかわ一具・帯一筋・かみあふぎなどの品々についても、「此すへハ市もたちいて、しやうばいもとゝのい候ハヽ、此分ゟハ過上たるべし」と、市・町の盛況次第では「上物」の「過上」を課す、という例式を明記しているのである。岩舟五日市・岩舟横浜の「両町」および平林の下町は、七夕と盆にも「さうめん」や鯖四〇指余りを調達するなど、儀礼面での結びつきも濃く、営業税的な上納を課せられる背景には、領主による保護と特権の付与を想定しなければならない。

ところで、領主館の台所方の歳暮の買物を書き留めた、十二月十五日付けの「日記」と「物数之事」によれば、「五日市にて御なからかい」など、台所方の買物に仲買として、「布川所」が介在して独自の役割を果たしている。布川所から御台所に納品されるのは、一双紋・ひぼかわ・扇・山中紙・帯・おしろいけなど、それぞれ一ないし三という数量であり、あいもの類をのぞく平林下町の上納品目とも重複し、総じて町方の取扱商品としての色彩が濃く、品目も多様である。

この日、布川所に米五升ないし銭三〇〇文が御台所から支払われる。この銭は粟嶋の年貢銭のうちから「なからかい」の代金として支出されるものであり、「弐拾文布川所への酒代」が別に給与されているのをみても、この「布川所」の「なからかい」は、文字通り領主館の台所と町方とを仲介する、問屋商人的な機能を示すものとみなしてよいであろう。また、鏡研ぎの作料が布川に渡されている例、布川八郎二郎が両町のまげし分と合せて酒代を給されている例などから、「布川所」とこれら職人衆との結びつきをも推測することができる。

このような「布川所」の機能や「所」という表記から想起されるのは、同時代の常陸水戸城下の「深谷所」「遠山所」など、有力商人たちの存在である。かれらは大名佐竹氏から領内商業上のさまざまな特権を与えられ、城下の町では堺・伊勢など外来の商人宿となり、もたらされる高級商品の窓口の役を果たしていた。(25) 色部領の「布川所」にこのような役割を見いだすことはできないが、一月四日条に「岩舟の布川八郎四郎」が領主館の「御座敷表」で参礼している例からみても、布川氏の地位は「岩舟のおとな弥九郎」とも異なる、岩舟の商人頭ともいうべき、独自の性格をもっていた可能性もあろう。なお、天文四年（一五三五）の岩船諸上寺領の田帳に「布川　五百苅作」とあるのが、布川氏の土地との結びつきをよく示している。

鍛冶・炭焼

「年中行事」に登場する職人たちは以上でつきるが、なお、「桃川調査報告[26]」も示唆した、大年に行なわれる五日市と桃川からの「包丁・火箸」の上納や、桃川に接する河内の村から納められる、大量の焼炭とその背景についても、考えておきたい点がある。

十二月二十七日条と大年の条に、「五日市の小使、金ひばしもち参候」「内山甚左衛門、包丁・火箸あげ申候」「内山四郎左衛門、包丁あげ申候」とみえるのがそれである。それぞれに、「御祝の物」として、米・昆布・にしん・塩引・鯖などを、領主の御台所から下されているのをみても、金火箸・包丁の上納が、大年の儀礼の大切な一環をなしていたことがうかがわれる。

その意味するところは、「年中行事」からは知られないが、『上井覚兼日記』は、年賀の献酬にあたり、衆中の面前で包丁による「式ノ鯛」などの振舞が行なわれる例を伝えている[27]。また民俗の七草節供の行事には、正月六日夜に歳神棚の前で、小桶の上のまな板に若菜をのせて、包丁・火箸・杓子等でたたきながら、恵方に向かって拍子をとって囃すという、「七草叩き」の儀礼も伝えられている[28]。色部館の大年の包丁・火箸献上の儀にも、こうした正月儀礼とのつながりが推察されてもよいであろう。

さて、問題の火箸（金火箸）と包丁であるが、五日市の小使のばあい、「町」場からであるため、この町に外からもちこまれた交易品であるか、町の鍛冶の作[29]によるものかは決めにくい。内山氏の上げる包丁と火箸については、「桃川調査報告」で、その内山甚左衛門・四郎左衛門の二人が、大永年中の耕雲寺領納帳にみえる「桃川之内山」「桃川内山四郎左衛門」や永禄頃の色部領の段銭請取日記にみえる「五百文《二千五百苅のやく》内山四郎さへもん刷《つくり》」等の系譜に連なる、桃川の内山一族とみられる、とする。また近世桃川の村には、内山姓をふくむ四つの大きな同族団（マキ）があり、内山マキの本家はかつて鍛冶職・神職（桃川神社）として、「桃川長吉」の銘刀とともに知られること、小字「館の内」の内山甚兵衛家に接して「カジヤシキ」と呼びならわされ、鉄滓を出土する一画があること、河内《かわうち》の村寄りの山手に、大金掘・小金掘という、酸化鉄をおびた花崗岩（赤目）を産出する地籍があることなどから、内山マキは中世の頃から鍛冶に関係していた、とも推察している。

なお、「年中行事」正月三日条に、内山四郎左衛門尉は領主館で「御座敷御すへ」に「出仕」し、四日には「御中間」で参礼するなど、一般家臣なみの処遇をうけている。在地領主と火箸・包丁献上の儀礼で結ばれる、鍛冶職（推定）の内山氏は、井上鋭夫氏の追究された金掘り・タイシ層とは対照的な、高い地位をもつようである。

この桃川と山境を接し峡谷を奥深く入った河内の村も、「河内ら の諸役の事」条、とりわけ大量の炭の上納によって、特異な地位を示す。この条は、その冒頭に「四百苅の田地、三人仕持申候、此やくとして」と明記した上で、正月十一日に焼炭一〇籠、二月から十月まで「夏かまの年貢」として五籠宛、十月から大年までは一〇籠宛、そして大年には「四百苅之年貢として炭百廿籠」、七月十三日に「盆炭」五籠を、いずれも「三人」として上納する、という例式を定めている。炭の総量は、累計するとじつに二〇〇籠を超えることになる。

正月の焼炭に対し「御酒」と「引出物」三〇文、あるいは「河内の百姓両人」に六〇文、盆炭に対し「鯖のすし三つ」などが給与される。そのほかは、すべて「年貢」である。これは三人の百姓のもつ四〇〇苅の田地に課せられる年貢米の、炭による代納を意味するかのようであるが、また、三人の炭焼のために領主の設定した、いわば炭焼給免田四〇〇苅を根拠とした、奉仕であったとみる余地もないわけではない。

「籠」の容量は不詳であるにせよ、これだけの炭がいったい何のために必要であったか。「手あぶりすミ」や引出物としての「焼炭」、あるいは領主館内での燃料用だけで説明しきるのはむずかしい。

永禄十一年（一五六八）、武蔵鉢形城の北条氏邦は秩父の「定峯谷炭焼中・触口斎藤八衛門尉」に「炭焼等諸役幷関津料木口」を「免許」し、天正二年（一五七四）には、「百卅俵　炭廿六人分但一人ニ五俵宛」を毎年調えて、炭奉行人に渡せと指令して、このうち七八俵は「おこし炭」、五二俵は「鍛冶炭」という内訳を示していた。[30]つまり、炭焼から炭奉行人に納められる炭のうち、六割は家庭用の「おこし炭」だが、のこる四割は「鍛冶炭」として鍛冶職人に供給された。炭焼と鍛冶との職人の分化も注意されるが、色部領でも、河内に隣接する桃川の鍛冶や、五日市の町場の状況からみて、河内炭の用途については、さらに追究の余地があるのではなかろうか。

なお、河内は、近年まで炭焼を主な生業とし、いま、狭い河谷の段丘に沿って、桃川寄りの谷口の方から、シモドウリ・ナカモリ（ナカヤシキ）・スギモリと通称される、三つの小集落から成り、それぞれに斎藤・村田・渡辺の三マキの本家筋が居を占めてきたという。[31]領主に炭年貢を負う河内の「三人」は、このような村況の中にその痕跡をとどめているのであろうか。

これで「色部氏年中行事ノート」をとじたい。在地領主制の構造分析という諸先学の労作にもみちびかれながら、在地領主の領域支配や土着の根拠にこだわって、勧農と民俗という迷路をさまようううちに、脇道にそれ、結論めいたものは何一つ得られなかった。付会や短絡で、あらぬ虚像をつくりあげてしまったようにも思う。類書との比較や現地歩きをもっと深めて、これからも年中行事をたのしんでいきたい、と希うばかりである。

故宮本馨太郎氏や集われた諸兄姉から多くを学びながら、その一々を明示できなかった。深く謝意を表したいと思う。

注

（1）井上鋭夫編『色部史料集』（新潟史学会刊）所収「色部年中行事」。なお、書名は米沢市立図書館蔵の原写本題簽に従ってあらためた。
（2）佐藤博信「『色部年中行事』について」（『日本歴史』二八八）。斎藤純雄「国人領主の家臣団」（『歴史』四五）ほか。
（3）大沼淳・中野三義・森田一郎・山上卓夫四氏の共同（『かみくひむし』一四・一五合併号）。
（4）翌年に「かみくひむしの会」を発足させる新潟の若手中世史研究グループと、聖心女子大学日本中世史ゼミによる合同調査。
（5）「年中行事」の冒頭には、「年始・歳暮ニ、惣之御百姓衆之上物、幷従寺社・神領之諸役・其外品々、御用之覚之日記、幷御親類・御家風、年始之御礼之次第」と記されている。本行事の第一の関心は、明らかに、年中行事と百姓衆とのかかわりを記録すること、にあったのである。
(6)『色部史料集』二二七頁。以下、引用史料はすべて本書による。なお、「年中行事」は原写本（米沢市立図書館蔵）との校合により、読みかえたところもごくわずかながらある。
(7) 大日本古記録『上井覚兼日記』中、二・三頁、なお天正十二年・十三年同日条参照。
(8) 同『日記』下、八五頁、同日条。
(9) 小笠原長和「吉書奉行」河出書房版『日本歴史大辞典』5。
(10)「岩船郡神林村桃川調査報告」（以下「桃川調査報告」と略称）二二頁。『かみくひむし』注3参照。
(11) 佐藤博信氏、前掲論文八二頁。
(12)『年中行事辞典』七七一頁、「豆打」。
(13) 同右三八八頁、「正月事始」。『定本柳田国男集』一三巻一〇頁、同二一巻四四〇頁。なお鎌倉公方の方違については、藤木『戦う村の民俗を行く』朝日選書、二〇〇八年参照。
(14)「桃川調査報告」二五頁参照。
(15)『上井覚兼日記』中、一五八頁、同日条。
(16)「桃川調査報告」二〇頁。『中世法制史料集』一、八〇頁。
(17)『年中行事辞典』四六五頁、『民俗学辞典』三五五頁、『日本民俗事典』四三〇頁。
(18)『近世地方経済史料』七、一三五頁。なお辻善之助『日本仏教史』近世四、二二八頁参照、村井早苗氏のご教示による。
(19) 日本古典文学大系『西鶴集』下、二七六頁。『定本柳田国男集』九巻三四五・三八八頁、同八巻三五一頁。
(20)『中世民衆の生活文化』一二二頁。なお井上鋭夫『一向一揆の研究』六五頁、同『山の民・川の民』第三章参照。

(21)『番匠』一一五頁ほか。

(22)吉田光邦『日本の職人』二三頁。

(23)『新潟県文化財調査年報』第九「岩船」六五頁。

(24)井上鋭夫『一向一揆の研究』八三頁・前掲「現地調査資料」。

(25)「大和田近江重清日記」・『水戸市史』上巻七〇九頁、小著『戦国大名の権力構造』Ⅳ部参照。

(26)同注10報告、一三・二九頁。

(27)同『日記』中二頁、同下八〇頁。

(28)『風俗辞典』五四六頁、『日本民俗事典』五二〇頁。

(29)祭祀に用いられた古い火箸には鋳物師による作もあり、現に鋳物製もみられるが、鍛冶によるものが一般的であろう、という。岳父青木廉を介した立川昭二氏のご教示による。

(30)『埼玉の中世文書』三二四・三二八号。

(31)神林村河内の区長・斎藤正一氏談。現地調査には阿部洋輔・中野豈任《やすひで》両氏のお力添を得た。なお、この河内は、井上氏『一向一揆の研究』六五九頁に紹介された「雲上公史料」の伝説の舞台である。

第十二章　村堂の落書き――「忘れられた霊場」によせて

かつてわたくしは、郷里越後の国境いに近い、村はずれの神社や仏堂にいまも消え残る、戦国の旅人たちの落書きに心ひかれ、また故中野豈任《やすひで》氏の『忘れられた霊場』[1]によせて、いくつかの小文を書いたことがあった。

越後の西、信濃境いにほど近い新潟県東頸城郡松代町（現十日町市）犬伏の松苧《まつお》山頂に、一五世紀末の建築とされる松苧神社がある。永正四年（一五〇七）の初夏、その小社の羽目板に「南無阿弥陀仏」の名号や「山々にかぜのかけたるしがらみハ」の一首を書きのこしたのは、はるばる河内（大阪）交野郡から同行三人でやってきた僧であった。その同じ日、越中（富山）放生津の僧たちも泊り合わせて、名を記していた。

また、同十二年春には、山城（京都）北白川の旅人渡辺某も「東国一見」「南無阿弥陀仏」の旅でここに泊り、「かぎりあれば」の一首をのこしていた。物見を兼ねた浄土信仰の旅というところか。ここは上方にむかう旅のルートでもあったらしい。

地元の人々の落書きもある。上田庄小栗山（六日町）の僧は「天文廿三年（一五五四）……参籠」と書いたし、「南無松苧大権現・大日如来」「南無松苧八所権現、元亀弐年（一五七二）……参籠、請願成就」というのも、近隣の人々の生まじめな信仰の落書きで、この一帯では、松苧社に願いごとの成就を祈る「お籠り」も盛んであった。

また、「あら〳〵しりしたや、のう〳〵あわれよき若もじ」とか「御けちえん（結縁）のために、仁四郎様したやく〳〵」という、少しエッチな落書きの主は藤九郎と家成。「大方様御恋しやなう」と書いたのは、文明十七年（一四八五）に大般若経をすべて読んだという法師。「まだ一度もだき不申」と書いたのは「春日山お侍者様の被官」。落書きした旅人は、僧侶も俗人も男たちばかりである。[2]

こうした落書きの傾向は、わたくしが少年の日を過ごした、山深い会津境いの北越後小川庄＝東蒲原郡のうち、阿賀野川ルート沿いの、鹿瀬町（現阿賀町）日出谷の護徳寺観音堂や、三川村（現阿賀町）岩谷の平等寺薬師堂の、柱や羽目板や鴨居などにのこる、戦国末の落書きもほぼ同じである。

「回国陸《ろく》（六）十六部《じゅうろくぶ》」という諸国の霊場をめぐる信仰の旅も、「当口一見のため」「此口一見之時」という物見の旅も、「若もじさま恋しや、のふのふ」とか「せめて一夕御なさけ申しうけたく」という男色の風も、ふしぎなほどによく似ている。旅の想いは一つであったということか。ただ「何事もかたミになれとかきおけば」などと記してはいるものの、先の松苧社のにくらべると、時期も少し下るせいか、泊りついでの落書きという風で、信仰の色合いがやや薄い。

ここに泊った旅人たちの出身地も、とても僻村の仏堂などとはいえぬほどに広い。北越後側では、この小川庄から山一つ越えた奥山庄・豊田庄・白河庄・菅名庄など、北蒲原郡の一帯から中蒲原郡（現在の五泉市や新潟市など）にかけて、また陸奥側の会津黒川（会津若松）も多く、いかにも国境いの村堂らしいが、さらに遠くは上野や常陸など、北関東の国々にも及んでいる。この阿賀野川沿いの地は、関東と東北を結ぶ旅のルートの一つでもあったか。

なお、天正十七年（一五八九）の夏には、伊達氏に滅ぼされた会津蘆名氏の家中が、この地に逃れて、

＊会津らん（乱）入について、しよさぶらい（諸侍）越国へ罷りの（退）けられ候、心ぼそくねまり候……

＊黒川のこゐ（恋）しき事かぎりなし、いつかかへりてこれをかた（語）らん

などと、亡命の悲しみと帰郷の祈りを仏堂に書き残していた。ここ国境いの村堂は、また戦い敗れた人々の隠れ家ともなっていたのである[3]（中世二九二二〜二九四二）。

こうして、村はずれの神社や仏堂は、「泊り客人禁制」を大法とする戦国の世でも、広く世間に開かれていたらしい。そこを一夜の宿とした旅人たちは、堂社の羽目板や板壁や柱に、年月日・名前・住所・同行者の数をはじめ、旅の目的や祈りや願いごと、さらには感慨の和歌から世俗の雑念までを、気ままに筆で書き重ねていた。

そうした旅のかたみの落書きは、そこに宿るみ仏や神々に寄せる、結縁のしるしでもあったにちがいなく、僻地といわれる越後山間の堂社の落書きにも、戦国びとの信仰の旅の世界が大きく広がり、お籠りの習俗も新鮮な断面をみせてくれる。さらには、中世には盛んであったという男色の風も、落書きならではの素顔をのぞかせる[4]。

こうして国境いの堂社に「南無阿弥陀仏」や「回国陸十六部」の旅の縁を結んだ、信仰の旅人たちの足跡は、かつて中野豈任氏が次々に光をあてた、中世の『忘れられた霊場』の世界へとまっすぐに続いていたにちがいない。

「忘れられた霊場」というのは、たとえばこうである。中野氏は、北越後奥山庄の鼓岡（黒川村・現胎内市）地内から、六口もの中世の経筒が出土し、そこには、下野・

美濃・伊勢・和泉・讃岐にわたる、遠方の人々の名が刻まれていることに目をとめる。しかもこの鼓岡からは、ほかにも人骨・蔵骨器・銅銭・石仏など、中世の信仰遺物が集中的に出土していることを知って、紀年や銘文の有無を問わず目をそそぎ、ここは「宗教的にある意味をもつ土地」ではなかったか、と考える。

さらに、一帯をたんねんに歩いて、社寺の由緒・地名の伝承・後世の文書など、さまざまな情報を集める。とくに新宮寺跡・那智平・禅師ガ原（本宮寺跡）など、小地名の発掘を大きな手がかりとして、ついに、中世の奥山庄鼓岡のうち風倉山麓には、頂上に三熊野神などをまつる風倉山を中心に、熊野三山形式の地方霊場が形成されていたにちがいない、という結論にいたる。

こうして、文献史料の上には痕跡さえとどめない、忘れられた小霊場が、中世荘園の故地の中に、次々とその姿を現わすことになった。数々の信仰遺物を土地の環境や小地名と組合せて駆使した、中野氏得意の方法が光る。

村堂に残るあの大らかな落書きを、ひたむきな信仰のあかしの経筒などと結びつけると、村はずれの堂社をたよりに、広く諸国の「忘れられた霊場」を旅した、中世の旅人たちの姿がにわかに親しいものに感じられる。

注

（1）中野豈任『忘れられた霊場』、平凡社選書。
（2）『新潟県史』資料編・中世四三六四〜四三七四。
（3）藤木「境界の世界・両属の世界」『かみくひむし』七二、『戦国史をみる目』所収。
（4）藤木「村の惣堂・村の惣物」『月刊百科』三〇八、『村と領主の戦国世界』所収。

学術文庫版へのあとがき

ながく英雄たちの華やかな合戦ばかりが語られてきた、「戦国」つまり戦争のあいついだ世を、越後の山奥の寒村で育ったわたくしの、村の生活者の目で、しっかりと見つめ直してみたい。中世の村人たちは、いったい、どうやって乱世を生き延び、生命をつないできたのであろうか。その生命をつなぐ村のサバイバルの仕組みに、なんとか迫ってみたい。

そう思い立ったのは、一九八五年の春の頃であった。幸いにも、その希いは、平凡社選書に採られて、『戦国の作法』として、世に出ることになった。八七年一月のことであった。この本は、思いもかけず、ながく読者に恵まれて、版を重ねることができた。そのつど、補訂の筆を加えることができた。

それから十一年後の九八年の夏、本書が平凡社ライブラリー版に移された機会に、改めてていねいな補訂を施し、新たに三編の小品を加え、さらに東京大学史料編纂所の久留島典子さんにお願いして、嬉しい「解説」を添えていただいた（なお、本書への転載もお許しいただいた)。

そのライブラリー版も、その後、しばらく品切れになっていたのを、このたび講談社学術文庫の林辺光慶さんのご好意によって、学術文庫の一冊に加えていただけることになった。また坂口美恵子さんのご尽力によって、章立ても補注も読みやすく一新され、改めて世に出ることになった。まことに嬉しいことである。

村の生活者の目で戦国を見たいというわたくしの希いは、その後も一貫して、今日に至っている。『戦国の村を行く』『新版　雑兵たちの戦場』など、すべて朝日選書全五冊の戦国シリーズがその主なものである。これらのわたくしの作品群は、いまでは「自力の村論」などと、一括されて、しばしば話題にされるようにもなっている。その話題の中で、本書『戦国の作法』は、ここ二十年にわたる、戦国のサバイバルの村を訪ねる旅の大切な原点の位置を占めている。

新鮮な好奇心あふれる、わたくしの戦国の村への初心を、酌みとっていただければ幸いである。

二〇〇八年八月十五日　　藤木久志

初出一覧

Ⅰ　挑戦・身代わり・降参の作法

第一章　言葉戦い　原題「言葉戦い考」を改稿『政治社会史論叢』近藤出版社、一九八六年

第二章　身代わりの作法・わびごとの作法　原題「身代り・わびごとの作法」を改稿『月刊百科』二八四、平凡社、一九八六年

第三章　村の扶養者　原題「村の扶養者」『戦国史研究』一〇、吉川弘文館、一九八五年

第四章　村の牢人　原題「村の牢人」増補、『戦国史研究』一八、吉川弘文館、一九八九年

Ⅱ　村の武力と自検断

第五章　村の若衆と老若　『戦国の作法』平凡社選書、一九八七年

第六章　落書・高札・褒美　原題「村の検断と褒美」を改稿『中世・近世の国家と社会』東京大学出版会、一九八六年

第七章　逐電と放状　原題「村の逐電」を改稿『戦国史研究』一二、吉川弘文館、一九八六年

第八章　村の故戦防戦法　原題「村の故戦防戦法」、増補『戦国史研究』二一、吉川弘文館、一九九一年

Ⅲ　庄屋・政所・在地領主

第九章　中世庄屋の実像　『戦国の作法』平凡社選書、一九八七年

第十章　領主政所と村寄合　『戦国の作法』平凡社選書、一九八七年
第十一章　在地領主の勧農と民俗　原題「一　在地領主の勧農と民俗」を補訂『新潟史学』九、新潟史学会、一九七六年
第十二章　村堂の落書き　原題「村堂の落書き」、増補『角川日本地名大辞典』月報44、一九八九年

解　説――「中世の村のナゾ解き」の魅力

久留島典子

本書が平凡社選書として刊行されたのは一九八七年一月であり、それから十年以上の歳月が経過している。しかし、今読み返してみても、少しも古さを感じさせない。それはなぜだろうかと考えてみると、この書で展開されている「自力の村」像の追究が、藤木氏自身によって、現在進行形の形でこの十年間ずっと継続されてきたからではないだろうか。一つの「村の発見」は、それを核として、積み上げられるように新たな「村の発見」を導き、さらに新たな問題関心も加わって、中世の村の姿が明らかにされてきた。そして私たち読者が思いもかけなかったような、「自力の村」のあつい力量とそれが領主と取り結ぶ関係を、今豊かに描き出すことに成功している。著者自身、本書について「はじめて村を対象にした本」と位置づけ、「それ以来、村論に没頭して今日にいたっています」(『戦国の村を行く』朝日選書、一九九七年刊、「はしがき」）と書いているように、本書は藤木氏の村論の出発点であり、核でもある。

しかし、その成り立ち自体は、本書「はしがき」でも述べられているように、その一年半程前に刊行された『豊臣平和令と戦国社会』（東京大学出版会、一九八五年五月刊）に遡って考えなければならない。惣無事令・喧嘩停止令・刀狩令・海賊停止令とその施行過程の実態を丹念に追究し、豊臣平和令の体制と位置づけたこの書は、中世後期から近世にかけての研究者たちに深く大きな衝撃を与えた。秀吉の天下一統＝平和は、中世最末期に広く一貫して現れる平和の動向と平和令を集約したものであり、この動向は「戦国大名から中世村落にまで、中世社会の総体に及んだに相違ない」（同書「序」）として著者の豊臣平和令探究は始まった。しかし一書にまとめられた段階では、著者自身の分析の重点は、既に大きな反響を呼んだ「領主の平和」――惣無事令から、中世村落の私戦＝自検断と戦国期に顕在化するその矛盾の追究へと動いていたのである。その理由を著者は、豊臣平和令の成立を規定した歴史的な基盤の追究が大きな宿題となったことを痛感したからと述べている。その鍵を握るものとして、中世の自力の体系が大きく著者の前に浮かび上がってきたのである。折りしも、現在の中世後期の研究において、著者と共に大きな影響を与えている勝俣鎮夫氏の、中世の「村請」を高く評価し、荘園制から村町制への展開を主張する論考が発表された時期でもあった。そして豊臣平和令の本で予告された「中世村落の自検断の実態と村の武力の問題について、より具体的な追究」の最初の成果が本書である。

本書に収められている各論考は、ライブラリー版にあたって加えられた三編と、Ⅲ部の「在地領主の勧農と民俗」を除けば、すべて一九八五・一九八六両年に発表されたもの、あるいは選書刊行時に書き下ろされたものであり、そこにも著者の村論への熱中ぶりがうかがわれる。また、前著『豊臣平和令と戦国社会』が度々引かれているように、村の平和を取り上げた前著第二章、刀狩令——百姓の平和を取り上げた同第三章は、本書と深い関わりを有しており、「惣無事令の本の子どものようでもあり」(本書「はしがき」)と著書自らが評する所以となっている。しかし初版当時は、前著や「村の紛争解決」という副題に直接関係しているI部・Ⅱ部はともかく、Ⅲ部も含めた全体の構想は、今ひとつ読者には見えにくかったともいえる。だがこの十年間で、それぞれのテーマ・素材はさらに深く追究されるとともに新たな視点が加えられ、「村の城」論、「雑兵たちの戦場」論、「村から見た領主」論など、刺激的で魅力にあふれた展開を見せている。本書の内容に簡単に触れながら、まずこの点をみていきたい。

I部は、中世社会が境界紛争などの庭において、破壊的な暴力への回帰や反復を避けるために、どのような主体的な能力や慣行を有していたかという問題、すなわち「村のナゾ」の一つを探ったものである。ここでは特に中世の村が「人質」「身代わり」といった形で紛争解決のための犠牲者を特定し、同時に村としてそれを補償するシステムを作り上げていたという指摘が重要である。そこからは、村のために働いた家や人を村として保護していこうとする自立した動きが見て取れ、後には著者自身によって「村の跡職」保全の動向が指摘されていく。さらに見逃せない点は、本書では曖昧であった紛争解決のための「質取」と戦場の「質取」の差異を、著者がやがて明確に意識するようになり、そこから「戦場の奴隷狩り」など戦争の惨禍を直視した、領主たちの合戦ではない「雑兵たちの戦場」論を展開していることであろう。

II部冒頭は、村の武力の主たる担い手が若衆であることを指摘し、階層論に偏していた従来の研究に新たな視角をもたらした論考で始まる。さらに若衆の武力によって自検断の能力・機能を向上させた村々の間では、「村の自検断の外側に重層してそれを包む、領域を超えたヨコの検断の共同がつねに機能して、自検断の実現を支えていた」こと、領主の検断権もそれらに関与・依存するにすぎなかったことを、検断に伴う褒美や補償の具体的態勢を解きあかしながら結論する。

III部は、本書のなかでもこの後種々の形で最も展開されていく部分である。一つは本書で言及された百姓政所に象徴される、村の自立の核となるような施設の問題であり、「村の城」「村の惣堂」論へと発展していく。もう一つは、これが特に重要なのだが、「村から見た領主」論の全面的な展開である。本書でも百姓の領主政所への出仕や領主政所への非常時の預物、さらには「年中行事」として領主と職人・百姓の間に築かれている互酬関係などが指摘されている。これらが示唆する問題は、「自力の村」とそれに対峙して存在した領主権力の存在根拠を明らかにしようとする著者の精力的な探究によって、一九九七年刊行された『村と領主の戦国世界』（東京大学出版会）では、より豊かで確実な像を結んでいるといえよう。

ところで、著者藤木氏の仕事の魅力とは何だろうか。この点を考えるために、次にこの書の特徴ともいえる点を、私なりにいくつか整理してみよう。

その第一は、徹底した「具象」へのこだわりである。概念が独り歩きし、あたかもその時期のすべての歴史事象を説明できるかのように思いこむことを著者は忌避する。政策意図や歴史的意義を論じる前に、どのような事態が起きたのか、その過程を一つ一つ、実証的に史料の文言のなかに探っていこうとするのである。著者自身の言葉をかりれば、「超抽象から、もう一度その時期の一つひとつの現象の独自性に立ち戻って、個別的に実際にあったものを見直してみる」（『豊臣平和令と戦国社会』

「序」）ことである。実際、本書のどの部分をとってみても、抽象的に論じただけの叙述はなく、常にその基礎には、数多く掲げられた種々の史料の存在がある。

さて、その「具象」を摑み取る手段として、第二に言葉へのこだわりがあげられよう。Ⅰ部冒頭の「言葉戦い」はこの事をもっともよく表しているが、他にも、村の私戦——自検断を、「兵具」「相当」「合力」として捉えた分析、「質取」「人質」「降参」、またⅡ部の「老若」「落書」「高札」「逐電」「勧賞」、Ⅲ部の「庄屋」「政所」、また「色部氏年中行事」中の各行事など、著者が初めて光をあてたものも多い魅力的なキーワードが、どの考察にも核としてある。

さらに、題名にも掲げられた「作法」という捉え方が第三の特徴である。近著では、この「作法」にあたるものとして「習俗」という語が使われており、これを説明して、〈先に『戦国の作法』で「作法」といってみたのと同じことで、権力の作りだした制度や法を通してではなく、中世社会の流れを通して自ら積み重ねられた、社会の共同意志や生活の秩序や紛争処理の先例〉（『村と領主の戦国世界』「はしがき」）であると述べている。別の言い方をすれば、この「作法」「習俗」を追究していく試みこそ「村のナゾ解き」といえよう。

そしてこの捉え方とも密接に関係して第四にあげたいのは、著者が言葉を手がかりにした綿密な史料探索と読み込みの作業の後に、再び印象的な言葉を用いて、見事に「共同意志」や「生活秩序」をすくい取っていくことである。この点でも著者の言葉を用いる巧みさには目をみはる。本書でいえば「身代わりの作法・降参の作法」「村の扶養者」といった言葉であり、遡れば「自力の村」さらに「惣無事令」、そして最近の著作では「村の城」「危機管理」「生命維持装置」といった語も、著者が数多くの史料から抽出してきた一種の分析概念である。ただ、これらの語が印象的であればあるほど、「惣無事令」の語がそうであるように、概念として独り歩きをはじめる可能性は高い。それだけに著者はこれらの語が説明のための概念に変質すること、具象との緊張関係を失うことを常に危惧しているともいえよう。

さて、最後に以上のような特徴を持つ藤木氏の著作の魅力を改めて列挙し、この拙い蛇足の文章を閉じたい。言葉を手がかりに史料を博捜し、個別的な事例を数多く検出していく具体性、そこから逆に社会の共同意思や生活秩序を「作法」「習俗」として抽出してくる切れ味の鋭さ、そして、この一連の過程——著者に言わせれば「中世の村のナゾ解き」のわくわくするような過程で、著者自身が感じている楽しさ。何より、この楽しさを読者も共有するからとはいえないだろうか。

本書原本の刊行から二十年が過ぎたが、今回講談社学術文庫の一冊として発刊されたことで、ふたたび多くの人々が本書の魅力にふれることができるようになった。この間、著者藤木氏は、「村の生活者」の視点から「戦国」を見直す探究を続けており、私たちは本書以外にもそうした成果を多数読むことができる。そこでも、徹底して「具象」にこだわり、どのような事象が起きたのかを史料にそって一つ一つ追究していく著者の姿勢は一貫している。たとえば、十五年間にわたる作業の一区切りということで二〇〇七年刊行された『日本中世気象災害史年表稿』(高志書院)は、本書で描かれた村々が、どのような厳しい状況の中に置かれていたかを、整然と並ぶ災害史料情報一件一件のなかから余すところ無く明らかにしており、藤木氏の眼が、「自力の村」のさらに奥深くを見据えていることに気づかされる。

(東京大学史料編纂所教授)

本書の原本は、一九九八年六月、平凡社より刊行されました。

藤木久志（ふじき　ひさし）

1933年，新潟県生まれ。新潟大学人文学部卒業。東北大学大学院文学研究科博士課程修了。文学博士。専攻は日本中世史。立教大学名誉教授。著書に『豊臣平和令と戦国社会』『新版　雑兵たちの戦場』『刀狩り』『村と領主の戦国世界』『戦国の村を行く』『飢餓と戦争の戦国を行く』，学術文庫に『天下統一と朝鮮侵略』などがある。2019年逝去。

講談社学術文庫

定価はカバーに表示してあります。

戦国《せんごく》の作法《さほう》　村《むら》の紛争解決《ふんそうかいけつ》

藤木久志《ふじきひさし》

2008年10月10日　第1刷発行
2022年5月13日　第2刷発行

発行者　鈴木章一
発行所　株式会社講談社
東京都文京区音羽2-12-21 〒112-8001
電話　編集（03）5395-3512
販売（03）5395-4415
業務（03）5395-3615

装　幀　蟹江征治
印　刷　株式会社ＫＰＳプロダクツ
製　本　株式会社国宝社
本文データ制作　講談社デジタル製作

ISBN978-4-06-159897-3

「講談社学術文庫」の刊行に当たって

これは、学術をポケットに入れることをモットーとして生まれた文庫である。学術は少年の心を養い、成年の心を満たす。その学術がポケットにはいる形で、万人のものになることは、生涯教育をうたう現代の理想である。

こうした考え方は、学術を巨大な城のように見る世間の常識に反するかもしれない。また、一部の人たちからは、学術の権威をおとすものと非難されるかもしれない。しかし、それはいずれも学術の新しい在り方を解しないものといわざるをえない。

学術は、まず魔術への挑戦から始まった。やがて、いわゆる常識をつぎつぎに改めていった。学術の権威は、幾百年、幾千年にわたる、苦しい戦いの成果である。こうしてきずきあげられた城が、一見して近づきがたいものにうつるのは、そのためである。しかし、学術の権威を、その形の上だけで判断してはならない。その生成のあとをかえりみれば、その根は常に人々の生活の中にあった。学術が大きな力たりうるのはそのためであって、生活をはなれた学術は、どこにもない。

開かれた社会といわれる現代にとって、これはまったく自明である。生活と学術との間に、もし距離があるとすれば、何をおいてもこれを埋めねばならない。もしこの距離が形の上の迷信からきているとすれば、その迷信をうち破らねばならぬ。

学術文庫は、内外の迷信を打破し、学術のために新しい天地をひらく意図をもって生まれた。文庫という小さい形と、学術という壮大な城とが、完全に両立するためには、なおいくらかの時を必要とするであろう。しかし、学術をポケットにした社会が、人間の生活にとってより豊かな社会であることは、たしかである。そうした社会の実現のために、文庫の世界に新しいジャンルを加えることができれば幸いである。

一九七六年六月

野間省一

次田真幸全訳注
古事記（上）（中）（下）

本書の原典は、奈良時代初めに史書として成立した日本最古の古典である。これに現代語訳・解説等をつけ、素朴で明るい古代人の姿を平易に説き明かし、神話・伝説・文学・歴史への道案内をする。（全三巻）

207〜209

平泉《ひらいずみ》　澄《きよし》著
物語日本史（上）（中）（下）

著者が、一代の熱血と長年の学問・研究のすべてを傾けて、若き世代に贈る好著。真実の日本歴史とは何か、正しい日本人のあり方とは何かが平易に説かれ、人物中心の記述が歴史への興味をそそる。（全三巻）

348〜350

ニコライ著／中村健之介訳
ニコライの見た幕末日本

幕末・維新時代、わが国で布教につとめたロシアの宣教師ニコライの日本人論。歴史・宗教・風習を深くさぐり、鋭く分析して、日本人の精神の特質を見事に浮き彫りにした刮目すべき書である。本邦初訳。

393

保坂弘司訳
大鏡　全現代語訳

藤原氏一門の栄華に活躍する男の生きざまを、表では讃美し裏では批判の視線を利かして人物の心理や性格を描写する。陰謀的事件を叙するにも核心を衝くなど、「鏡物」の祖たるに充分な歴史物語中の白眉。

491

下村寅太郎著
東郷平八郎

日本海海戦大勝という「世界史的驚異」を指揮した東郷平八郎とは何者か。秋山真之ら幕僚は卓抜な能力をどう発揮したか。哲学者の眼光をもって名将の本質を射抜き、日露海戦の精神史的意義を究明した刮目の名著。

563

若槻禮次郎《わかつきれいじろう》著（解説・伊藤　隆）
明治・大正・昭和政界秘史　古風庵回顧録

日本の議会政治隆盛期に、二度にわたり内閣総理大臣を務めた元宰相が語る回顧録。明治から昭和激動期まで中央政界にあった若槻が、親しかった政治家との交流や様々な抗争を冷徹な眼識で描く政界秘史。

619

和田英松著（校訂・所　功）
新訂官職要解《かんしょくようかい》

平安時代を中心に上代から中近世に至る我が国全官職の官名・職掌を漢籍や有職書によって説明するだけでなく、当時の日記・古文書・物語・和歌を縦横に駆使してその実態を具体的に例証した不朽の名著。

621

福沢諭吉著（解説・小泉　仰）
明治十年丁丑公論《ていちゅうこうろん》・瘠我慢《やせがまん》の説

西南戦争勃発後、逆賊扱いの西郷隆盛を弁護した「丁丑公論」、及び明治維新における勝海舟、榎本武揚の挙措と出処進退を批判した「瘠我慢の説」他を収録。諭吉の抵抗と自由独立の精神を知る上に不可欠の書。

675

金達寿《キムタルス》著
日本古代史と朝鮮

地名・古墳など日本各地に現存する朝鮮遺跡や、記紀に見られる高句麗・百済・新羅系渡来人の足跡等を通して、密接な関係にあった日本と朝鮮の実像を探る。豊富な資料を駆使して描いた古代日朝関係史。

702

金達寿著
古代朝鮮と日本文化　神々のふるさと

高麗神社、百済神社、新羅神社など、日本各地に散在する神々は古代朝鮮と密接な関係があった。神社・神宮に関する文献や地名などを手がかりにその由来をたどり、古代朝鮮と日本との関わりを探る古代史への旅。

754

朝河貫一《あさかわかんいち》著（解説・由良君美）
日本の禍機《かき》

世界に孤立して国運を誤るなかれ——日露戦争後の祖国日本の動きを憂え、遠く米国からエール大学教授の朝河貫一が訴えかける。日米の迫間で日本への批判と進言を続けた朝河の熱い思いが人の心に迫る名著。

784

石村貞吉著（解説・嵐　義人）
有職故実《ゆうそくこじつ》（上）（下）

国文学、日本史学、更に文化史・風俗史研究と深い関係にある有職故実の変遷を辿った本書には官職位階・平安京及び大内裏・儀式典礼・年中行事・服飾・飲食・殿舎・調度輿車・甲冑武具・武技・遊戯等を収録。

800・801

日本書紀（上）（下）全現代語訳

宇治谷《うじたに》　孟《つとむ》訳

厖大な量と難解さの故に、これまで全訳が見送られてきた日本書紀。二十年の歳月を傾けた訳者の努力により全現代語訳が文庫版で登場。歴史への興味を倍加させる、現代文で読む古代史ファン待望の力作。

833・834

日本神話と古代国家

直木孝次郎著

記・紀編纂の過程で、日本の神話はどのような潤色を加えられたか……。天孫降臨や三種の神宝、ヤマトタケルなどの具体例をもとに、文献学的研究により日本の神話が古代国家の歴史と形成に果たした役割を究明。

928

続日本紀《しょくにほんぎ》（上）（中）（下）全現代語訳

宇治谷　孟訳

日本書紀に次ぐ勅撰史書の待望の全現代語訳。上巻は全四十巻のうち文武元年から天平十四年までの十四巻を収録。中巻は聖武・孝謙・淳仁天皇の時代を、巻三十からの下巻は称徳・光仁・桓武天皇の時代を収録した。

1030〜1032

伊勢神宮

所《ところ》　功《いさお》著

日本人にとって伊勢神宮とはいかなる処か。'93年は伊勢神宮の第61回の式年遷宮の年。二十年ごとの造替行事が千数百年も持続できたのはなぜか。世界にも稀な聖地といわれる神宮の歴史と日本人の英知を論述。

1068

大和朝廷　古代王権の成立

上田正昭著

大和朝廷が成立するまでを、邪馬台国を経て奈良盆地の三輪王権から河内王権への王朝交替説などで分析。葛城、蘇我や大伴、物部などの豪族と、大王家との権力争奪の実態を克明に解く。古代日本の王権確立の過程を解明した力作。

1191

幕末日本探訪記　江戸と北京

R・フォーチュン著／三宅　馨訳（解説・白幡洋三郎）

世界的プラントハンターの幕末日本探訪記。英国生まれの著名な園芸学者が幕末の長崎、江戸、北京を訪問。珍しい植物や風俗を旺盛な好奇心で紹介し、桜田門外の変や生麦事件の見聞も詳細に記した貴重な書。

1308

日本の歴史・地理

H・シュリーマン著／石井和子訳
シュリーマン旅行記　清国・日本

シュリーマンが見た興味尽きない幕末日本。世界的に知られるトロイア遺跡の発掘に先立つ世界旅行の途中で、日本を訪れたシュリーマン。執拗なまでの探究心と旺盛な情熱で幕末日本を活写した貴重な見聞記。

1325

網野善彦著（解説・山折哲雄）
東と西の語る日本の歴史

日本人は単一民族説にとらわれすぎていないか。日本列島の東と西に生きた人びとの生活や文化の差異が、歴史にどんな作用を及ぼしたかを根本から見直す網野史学の代表作。新たな視点で日本民族の歴史に迫る。

1343

A・B・ミットフォード著／長岡祥三訳
英国外交官の見た幕末維新　リーズデイル卿回想録

激動の時代を見たイギリス人の貴重な回想録。アーネスト・サトウと共に江戸の寺で生活をしながら、数々の事件を体験したイギリス公使館員の記録。徳川幕府崩壊の過程を見すえ、様々な要人と交った冒険の物語。

1349

ピーター・ミルワード著／松本たま訳
ザビエルの見た日本

ザビエルの目に映った素晴しき日本と日本人。一五四九年ザビエルは「知識に飢えた異教徒の国」へ勇躍上陸し精力的に布教活動を行った。果して日本人はキリスト教を受け入れるのか。書簡で読むザビエルの心境。

1354

エドウィン・O・ライシャワー著／田村完誓訳
円仁《えんにん》 唐代中国への旅　『入唐求法巡礼行記』の研究

円仁の波瀾溢れる旅日記の価値と魅力を語る。九世紀唐代中国のさすらいと苦難と冒険の旅。世界三大旅行記の一つ『入唐求法巡礼行記』の内容を生き生きと描写し、歴史的意義と価値を論じるライシャワーの名著。

1379

大隅和雄著（解説・五味文彦）
愚管抄を読む　中世日本の歴史観

中世の僧慈円の主著に歴史思想の本質を問う。平清盛全盛の時代、比叡山に入り大僧正天台座主にまで昇りつめた慈円。摂関家出身で常に政治的立場をも意識せざるを得なかった慈円の目に映った歴史の道理とは？

1381

荻原千鶴全訳注
出雲国風土記
現存する風土記のうち、唯一の完本。全訳注。古代出雲の土地の状況や人々の生活の様子はもとより、出雲の神の国引きや支佐加比売命の暗黒の岩窟での出産などの神話も詳細に語られる。興趣あふれる貴重な書。

1382

網野善彦・森　浩一著（解説・岩田　晶）
馬・船・常民　東西交流の日本列島史
日本列島の交流史を新視点から縦横に論じる。馬・海・女性という日本の歴史学から抜け落ちていた事柄を、考古学と日本中世史の権威が論じ合う。常識を打ち破り、日本の真の姿が立ち現われる刺激的な対論の書。

1400

杉田玄白／片桐一男全訳注
蘭学事始
一八一五年杉田玄白が蘭学発展を回顧した書。『解体新書』翻訳の苦心談を中心に、蘭学の揺籃期から隆盛期までを時代の様々な様相を書き込みつつ回想したもの。日蘭交流四百年記念の書。長崎家本を用いた新訳。

1413

門脇禎二著
葛城と古代国家　《付》河内王朝論批判
葛城の地に視点を据えたヤマト国家成立論。統一王朝大和朝廷はどのように形成されていったか。海外の新文化の流入路であり、大小多数の古墳が残る葛城――その支配の実態と大和との関係を系統的に解明する。

1429

鬼頭　宏著
人口から読む日本の歴史
歴史人口学が解明する日本人の生と死の歴史。増加と停滞を繰り返す四つの大きな波を経て、一万年にわたり増え続けた日本の人口。そのダイナミズムを分析し、変容を重ねた人びとの暮らしをいきいきと描き出す。

1430

勝　海舟著／江藤　淳・松浦　玲編
氷川清話
海舟が晩年語った人物評・時局批判の小話集。幕末期の難局に手腕を発揮し、次代を拓いた海舟。歯に衣着せず語った辛辣な人物評、痛烈な時局批判は、彼の人間臭さや豪快さが伝わる魅力いっぱいの好著である。

1463

日本の歴史・地理

原　武史著
〈出雲〉という思想　近代日本の抹殺された神々
〈出雲〉はなぜ明治政府に抹殺されたのか？「国家神道」「国体」の確立は、〈出雲〉に対する〈伊勢〉の勝利宣言だった。近代化の中で闇に葬られたオホクニヌシを主祭神とするもう一つの神道思想の系譜に迫る。

1516

秋本吉徳全訳注
常陸国風土記
古代東国の生活と習俗を活写する第一級資料。筑波山での歌垣、夜刀神をめぐる人と神との戦い、巨人伝説・白鳥伝説など、豊かな文学的世界が展開する。華麗な漢文で描く、古代東国の人々の生活と習俗とこころ。

1518

エリザ・R・シドモア著／外崎克久訳
シドモア日本紀行　明治の人力車ツアー
女性紀行作家が描いた明治中期の日本の姿。ポトマック河畔の桜の植樹の立役者、シドモアは日本各地を人力車で駆け巡り、明治半ばの日本の世相と花を愛する日本人の優しい心を鋭い観察眼で見事に描き出す。

1537

ハインリッヒ・シュネー著／金森誠也訳
「満州国」見聞記　リットン調査団同行記
満州事変勃発後、国際連盟は実情把握のため、リットン卿を団長とする調査団を派遣した。日本、中国、満州、朝鮮……。調査団の一員が、そこで見た真実の姿とは。「満州国」建国の真相にせまる貴重な証言。

1567

藤本正行著（解説・峰岸純夫）
信長の戦争　『信長公記』に見る戦国軍事学
覇王・信長は〈軍事的天才〉だったのか？　明治に作られた「墨俣一夜城」の〝史実〟。根拠のない長篠の「鉄砲三千挺・三段撃ち」。『信長公記』の精読があかす信長神話の虚像と、それを作り上げた意外な事実。

1578

門脇禎二著
古代出雲
荒神谷遺跡発掘以後の古代出雲論を総括する。一九八四年、弥生中期の遺跡荒神谷から大量の青銅器が発掘された。出雲にはどんな勢力が存在したのか。新資料や多くの論考を検討し、新しい古代出雲像を提示する。

1580

鉄から読む日本の歴史
窪田蔵郎《くぼたくらお》著

考古学・民俗学・技術史が描く異色の文化史。大和朝廷権力の背景にある鉄器、農業力を飛躍的に向上させた鉄製農耕具、鋳造鍛錬技術の精華としての美術工芸品や日本刀。〈鉄〉を通して活写する、日本の二千年。

1588

海と列島の中世
網野善彦著（解説・田島佳也）

海が人を結ぶ、列島中世を探照する網野史観。海は柔かい交通路である。海村のあり方から「倭寇世界人」まで文化を結ぶ海のダイナミズムを探り、東アジアに開かれた日本列島の新鮮な姿を示す網野史学の論集。

1592

江戸お留守居役の日記　寛永期の萩藩邸
山本博文著

根廻しに裏工作。現代日本社会の原像を読む。萩藩の江戸お留守居役、福間彦右衛門の日記『公儀所日乗』。由井正雪事件や支藩との対立等、迫り来る危機を前に、藩の命運を賭けて奮闘する外交官の姿を描く好著。

1620

倭人と韓人　記紀からよむ古代交流史
上垣外憲一著（解説・井上秀雄）

古代日韓の人々はどんな交流をしていたのか。記紀神話を〝歴史〟として読みなおし、そこに描かれた倭と半島の交流の様子を復元する。比較文学・比較文化の手法を駆り描き出す、刺激的かつダイナミックな論考。

1623

江戸幕末滞在記　若き海軍士官の見た日本
エドゥアルド・スエンソン著／長島要一訳

若い海軍士官の好奇心から覗き見た幕末日本。慶喜との謁見の模様や舞台裏も紹介、ロッシュ公使の近辺で貴重な体験をしたデンマーク人の見聞記。旺盛な好奇心、鋭い観察眼が王政復古前の日本を生き生きと描く。

1625

龍馬の手紙　坂本龍馬全書簡集・関係文書・詠草
宮地佐一郎著

幕末の異才、坂本龍馬の現存する手紙の全貌。動乱の世を志高く駆け抜けていった風雲児の手紙は何を語るのか。壮大な国家構想から姉や姪宛の私信まで、計一三九通。龍馬の青春の軌跡が鮮やかに浮かび上がる。

1628

《講談社学術文庫　既刊より》

日本の歴史・地理

桑田忠親著
武士の家訓
乱世を生き抜く叡知の結晶、家訓。戦国の雄たちは子孫や家臣に何を伝えたのか。北条重時、毛利元就から、信長・秀吉・家康まで、戦国期の大名二十三人の代表的家訓を現代語訳し、挿話を交えて興味深く語る。

1630

A・アンベール著／茂森唯士訳
絵で見る幕末日本
スイス商人が描く幕末の江戸や長崎の姿。鋭敏な観察力、才能豊かな筆の運び。日本各地、特に、幕末江戸の町を自分の足で歩き、床屋・魚屋・本屋等庶民の生活の様子を生き生きと描く。細密な挿画百四十点掲載。

1673

勝 海舟著／江藤 淳・松浦 玲編
海舟語録
晩年の海舟が奔放自在に語った歴史的証言集。官を辞してなお、陰に陽に政治に関わった勝海舟。ざっくばらんな口調で語った政局評、人物評は、冷徹で手厳しい。海舟の慧眼と人柄を偲ばせる魅力溢れる談話集。

1677

佐々木 克《すぐる》監修
大久保利通
明治維新の立て役者、大久保の実像を語る証言集。明治四十三年十月から新聞に九十六回掲載、好評を博す。強い責任感、冷静沈着で果断な態度、巧みな交渉術など多様で豊かな人間像がゆかりの人々の肉声から蘇る。

1683

網野善彦著（解説・山本幸司）
中世の非人と遊女
専門の技能や芸能で天皇や寺社に奉仕した中世の職人の多様な姿と生命力をえがく。非人も清目を芸能とする職能民と指摘し、遊女、白拍子など遍歴し活躍した女性像を描いた網野史学の名著。

1694

五百旗頭《いおきべ》 真《まこと》著
日米戦争と戦後日本
日本の方向性はいかにして決定づけられたか。現代日本の原型は「戦後」にあるが、その大要は終戦前すでに定められていた。新生日本の針路を規定した米国の占領政策を軸に、開戦前夜から日本の自立までを追う。

1707